平凡社新書
1065

韓国は日本をどう見ているか

メディア人類学者が読み解く日本社会

金暻和
KIM KYOUNG-HWA
牧野美加＝訳
MAKINO MIKA

HEIBONSHA

Same Japan, Different Japan
by Kim Kyoung-hwa

First published in Korea in 2022 by East-Asia Publishing Co.

This book is published with the support of
Publication Industry Promotion Agency of Korea (KPIPA).
本書は韓国出版文化産業振興院（KPIPA）の出版助成を受けて出版されました。

韓国は日本をどう見ているか●目次

第2章 11のキーワードで見る日本文化………91

第3章 韓国という鏡に映して見た日本文化

＊本書は、『같은 일본 다른 일본（同じ日本 異なる日本）』（二〇二二年、東アジア刊）の全訳です。
＊著者による補足は注番号または〔 〕で、訳者による補足は割注〔 〕で示しています。
＊文中の日付は執筆当時のものです。

日本の読者へ

この本は、もともと韓国の読者に現代日本社会を伝えるために書いたものでした。そのため、日本での翻訳出版が決まった時に、大変喜びましたが、同時に、日本の読者がこの本をどのように受け止めるかが気になりました。

日本をさらに深く理解したいという読者がいれば、韓国人が書いたからという理由でこの本を選ぶ読者もいるでしょう。実際、この本の目的は単に現代日本社会についての知識や情報を伝えることにありませんでした。それよりは、韓国という立ち位置から日本社会・文化がどのように映るかという観点を重視して書いたわけです。言い換えれば、「日本を鏡にしながら韓国を知る」というコンセプトです。この本で届けたい最終的なメッセージは、文化はいつも相対的であるということです。日本の読者だけでなく、韓国の読者にも同じです。そこにオマケとして、日韓に関する最新の知識、情報がついてくる、と考えていただければ嬉しいです。

文化は相対的です。たとえば、「日本人は内向きである」という話をよく聞きますが、よく考えるとそれは、外向きの人からの観察結果ですね。もし世の中に内向きの人ばかりならば、それは日本人の性向ではなく、人間の特徴ということになるでしょう。実は「日本人が内向きだ」という主張は、日本と比べて外向きの性向のある西洋人の観点から成り立つものなのです。同様に「日本文化には、本音と建前がある」という話もありますが、これも西洋のコミュニケーション文化との比較から生まれた考察です。実際、多くの日本文化論は、西洋人の目に映った日本人・日本文化への違和感に基づいて書かれたのだと思います。

しかしながら、韓国人の目に映る日本人・日本文化は、西洋人のそれとは異なります。時には相違点も見られますが、そのほかの場面では同じ特徴が多いです。たとえば、韓国人には比較的自分の考えを直接に表現する傾向があります。そのため、多くの韓国人が「日本人は内向き」という説に同意すると思います。ところが、「日本文化には、本音と建前がある」という話については、「それは韓国にもあるよ」と感じる人も多いでしょう。韓国でも、対人関係でのぶつかり合いを避けるために、表面的には穏やかな態度をとったり、本当の気持ちを隠したりする習慣がありますから。

このように、韓国人が日本文化に対して「あ、韓国と似ている！」と感じる時は少なくありません。それは、西洋人が見る日本社会とは異なる感覚です。しかし、日韓の共通点から生じる意外な違いもあります。「なるほど！　これこそ文化の違いか！」と気づかされる瞬間ですね。文化の相対性を考える上で、日本と韓国のような、異なりながらも近い文化間の対話は非常に興味深いものです。

この本のもとである韓国語版は二〇二二年に刊行され、一時期日本文化部門書籍の一位に輝くなど、予想外の好評を受けました。これは、日本に対する韓国社会の高い関心が反映された結果だと思います。「日本に対して下手に白黒をつけようとしないのが良かった」という反響もあり、一般的な言説に頼らず、実経験に基づいて書いているから面白いとの声もありました。特に、「日本についての本なのに、むしろ韓国社会について考え直すきっかけになった」という感想を聞いた時は、大変嬉しかったです。韓国の読者にも「日本という鏡を通して韓国を知る」という戦略が通ったのですね。この本が、日本の皆さんにとっても、日本社会・日本文化を相対的な観点から省察するとともに、韓国社会を一層よく理解できるきっかけになれば、著者としてそれ以上に嬉しいことはありません。

日本語版の出版まで、多くの方々の協力と応援をいただきました。韓国語版の原稿をしっかり読まれ、日本語版の刊行を督励してくださった、恩師の李文雄先生（韓国ソウル大学人類学科名誉教授）と元同僚の林史樹先生（神田外語大外国語学部教授）には感謝してもしきれません。翻訳者の牧野美加さんと編集担当の野﨑真鳥さんにも感謝の気持ちでいっぱいです。なめらかな日本語で読みやすい一冊に仕上げてくださっただけでなく、編集過程で細かいチェックを幅広くしていただきました。この場を借りて深くお礼を申し上げます。日本語版が多くの読者に有意味なメッセージを届けることを心より祈ります。

金《キム》暻《キョン》和《ファ》

プロローグ　現在進行形の日本社会、隣国の「いま」を読み解く目

ソウルに比べて坂の少ない東京では自転車に乗る人が多い。東京暮らしを始めたばかりの十数年前は、狭い道ですれ違う自転車はとても厄介な存在だった。前方から走ってくる自転車がどのくらい近づいた時点で避ければ安全か、どちらに避ければほかの歩行者の邪魔にならないか、といったことは、なかなかカンがつかめなかった。

東京での生活も一五年を過ぎたころ、ふと、自転車のせいでストレスを受けることがなくなっているのに気がついた。もう、自転車がどのタイミングで向きを変えるか予想できるし、どちらに身をかわせばいいかも自然とわかる。自転車に出くわしてもまったく動じなくなったことを自覚し、東京暮らしもずいぶん長くなったなと、あらためて感じた。

私はデジタルメディアとネットワーク文化の研究者だ。研究に際しては人類学の方法論を活用する。人類学では、長期的かつ質的な資料収集をおこなう「参与観察法」が主な研究方法とされていて、私もこの方法を活用してメディア現象を調査、研究している。

この方法論の特徴は、研究者が研究対象である共同体の構成員となり、実際に生活しながら

その共同体の文化を探究するという点だ。数ヵ月あるいは数年にわたって一つの対象に取り組んでようやく一つの研究成果が得られる、ということも多い。研究結果に個人的な体験や主観的な判断の介入する余地があるため客観性に劣るというデメリットはあるものの、大規模な調査や「構造化されたインタビュー」(あらかじめ決められた質問項目について体系的に問い、回答を得る調査方法)では得られない深層的な洞察が得られるというメリットがある。この参与観察法を活用してデジタルメディアの文化的多様性を記述するという意味で、私は「メディア人類学」という言葉でみずからの研究アイデンティティを規定している。

そういう意味で、「ああ、東京暮らしもずいぶん長くなったな」と感じたその瞬間は、私にとって特別なターニングポイントだった。本格的に「日本学」を学んだわけではないけれど、「東京」という地域コミュニティの住民として、また、日本の大学社会という研究コミュニティの一員として、地道に参与観察を続けてきたのだと実感したからだ。

一五年以上日本で暮らすあいだに、さまざまな立場で多種多様な人々と出会った。日本語を学ぶ外国人学生だった時期もあれば、日本の大学生にデジタルメディア論を講義する教授だった時期もある。新たなオンラインニュースサイトを立ち上げる韓日共同プロジェクトに参加した際は、韓国と似ているだろうと考えていた日本のメディア環境が、実は非常に異質なものであることも実感した。日本の仲間たちと共同研究をする中で学んだことも、感じたこともたくさんある。日本で培った人間関係や知的経験は、人生のかけがえのない財産だ。韓国から来た異邦人ゆえに味わった苦い経験も、なかったわけではない。だが、そのたびに私を慰め、励ましてくれたのも日本の友人たちだった。日本社会で、実に幅広い経験をした。

文化は「かくれた次元」だ

文化人類学者エドワード・ホールは著書『かくれた次元』（一九六六）〔邦訳書は日高敏隆・佐藤信行訳、みすず書房〕で、空間を認知し解釈する方式は文化によって異なる、と主張した。たとえば、アメリカ人が自室に入ってドアを閉めるという行動は、腹を立てていることを意味する。良い友人なら「どうして腹を立てているんだ？」と声をかけ、慰めてやるだろう。ところが、その同じ行動がイギリス人にとっては、一人でいたいという意味になる。閉ざされたドアを叩いて声をかける友人は、空気の読めないうっとうしいヤツだと思われることだろう。このように、自室に入ってドアを閉める行動をどう解釈するかは文化によって異なる。ホールは、そうした違いは、空間を認知する文化の多様性からきていると主張した。

ホールの主張は大変興味深いが、致命的な弱点もある。国家と文化を同一視しているという点だ。現代社会における個人は、国籍を選ぶことも変えることもできる。一方で文化は、個人が自分の意思で選ぶことはできない。成長する中で無意識に学習し、結果として身についたものだからだ。文化的習慣は簡単には変わらないが、長期的には、個人の置かれた環境に応じて変化することもある。イギリスで生まれイギリス人として成長した人が、アメリカ国籍を取得してアメリカ人になったとしよう。その人は、自室に入ってドアを閉める行動をアメリカ式に認識するのだろうか、イギリス式に認識するのだろうか？　国家という恣意的な概念と文化とを同一視するのは、矛盾した行為なのだ。

ホールは、「国民性」という概念が通用していた一九六〇年代に活躍した人類学者だ。当時から、国家と文化を同一視する主張への批判はあったが、社会的にも物理的にも当時よりはるかに大きな移動が可能となった二一世紀の今はどうだろう。アメリカやイギリスなどの本格的な移民国家は言うまでもなく、韓国や日本のように比較的同質的な歴史を持つ国にも、多様な人種や言語、生活習慣が共存している。私を例にとっても、大韓民国のパスポートを持つ厳然たる韓国人だが、日本に長く暮らしていると、韓国の文化が異質なものに感じられることも少なくない。国籍によって文化的な行動様式が決まるという主張は、不正確で差別的だ。実際に、「国民性」というあいまいな概念は、人類学においてはほとんど使われなくなった。現代社会の「雑種的な」現実を説明することができないからだ。

だが、論理的な誤りがあるとはいえ、空間の認知や解釈の仕方には多様性があるというホールの主張は、部分的には耳を傾ける価値がある。経験上、充分納得できるからだ。

外国の街を歩いていて、意図せず他人と身体がぶつかったことはないだろうか？　初めて訪れた街のビルのエレベーター内で、他人との距離がやけに近くて不快に感じたことはないだろうか？　東京暮らしも一五年にもなると前方から走ってくる自転車が怖くなくなった、という経験も、歩行者と自転車がすれ違う際に空間を共有する微妙な感覚が身についたという意味では、文化的な現象だ。

ただ、空間の認知の仕方は文化的に学習された結果であるという点には、なかなか気づかないものだ。空間の認知の仕方そのものが、世の中を見るフレームと関連しているからだ。人々は、自分の眼鏡のレンズが青いと思うのではなく、世の中が青みがかっていると考えがちだ。ホールが文化を「かくれた次元」と述べたのも、そういう意味でのことだった。

すべての文化的な行動様式が「隠れて」いるわけではない。違いがはっきりと現れているケースも少なくない。たとえば、韓国の文化では、食卓に置かれた器からスプーンでご飯をすくって食べるのがマナーだ。器を手で持ち上げて食べるのは行儀が悪いとされるばかりか、「乞食の食べ方」だと軽蔑される。だが、日本の文化では正反対に、器を胸の高さまで持ち上げ、背筋をまっすぐ伸ばして食べるのが礼儀正しいとされる。前かがみで、器に顔を近づけて食べるのは「犬が物を食べる姿勢」に似ていることから卑しいとされる。衣食住に関連する習慣やマナーは韓日間で大きく異なることもあり、面食らうほどだ。そういう例を根拠に「韓国と日本は文化的に異なる」という主張を展開するのは意外と簡単かもしれない。

実際に、かつて韓国で出版された日本文化に関する本の多くは、「韓国とは異なる日本」のみに注目する傾向があった。たとえば、日本は「『縮み』志向の国」として、あるいは「近くて遠い国」として対象化され、時には、日本文化が「ある」か「ない」かといった不毛な論争が起こることもあった。[*1] 当時は、日本という国をそのように把握するしかない、それなりの時代背景があったのだろう。

だが果たして、今もそのような日本文化論は成立するだろうか？ 過去とは比べ物にならないほど、今は両国間の人的交流や情報交換が盛んだ。インターネットの発達に伴い、両国を行き交う情報の量も著しく増加した。皮肉にも、両国の関係が悪いときほど、情報へのニーズは爆発的に高まる。韓国の政治家の醜聞が日本のウェブサイトに速報として表示され、日本の企業が贈賄したという特ダネが韓国のウェブサイトにすぐさま登場する。歪曲されやすい政治や外交のニュースに比べ、芸能人や観光地、グルメなどに関する情報は、現地より速くて正確な場合もある。少なくとも情報の量という面においては、両国の交流は史上最高レベルを記録している。

ただ、そうした現象が必ずしも相互理解を増進させるわけではなく、むしろ問題を大きくするケースもざらにある。韓日間の政治や外交問題をめぐる激しい意見の対立には、過剰な情報による誤解、もしくは意図的な情報操作による偏向が影響を及ぼしていると考える。確かなの

＊1　『「縮み」志向の日本人』（李《イ》御寧《オリョン》、一九八二）、『日本はない』（チョン・ヨオク、一九九三）、『日本はある』（ソ・ヒョンソプ、一九九四）、『新・遠い国、お隣の国――日本編』（イ・ウォンボク、二〇〇〇）などの日本文化関連の本が出版されている。

は、自由に国境をまたぐネットワークを通してすさまじい量の情報が同時多発的に行き交っている現状を無視して、日本社会あるいは韓日関係は語れない、という事実だ。

メディアの変化を直視することなしには文化を語れない時代になったのだ。国境などやすやすと越えてしまうインターネットの生態を知らずして、韓日の文化を語ることはできない。メディアと文化は、社会的役割はそれぞれ異なるものの、私たちが世の中を認識する際のフレームとなるという点では似た者同士だ。私たちはメディアというフレームを通して外の世界を理解し、文化というフレームを通して社会生活に必要な規範を身につける。どちらも私たちの世界観に決定的な影響を及ぼすが、また一方では、透明な眼鏡レンズのようについ忘れられがちな「かくれた次元」でもあるのだ。

過去にとどまっている日本観、そろそろアップデートしなければ

この本は、二〇一九年一二月四日から大手日刊紙「韓国日報」の紙面とウェブサイトに隔週で寄稿しているコラム「同じ日本 異なる日本」を単行本にまとめたものだ〔コラム連載は二〇二四年九月現在、継続中〕。一五年以上、東京で暮らしながら経験したこと、感じたことを省察した記録だ。本は実際に読まれる時期を想定しにくいため、新聞の掲載日とは関係なく、内容によってコラムを分類し直し、目次を構成した。「旬」の限られる一部のコラムは収録せず、また一部は、前後の脈絡が理解できるよう内容を修正、加筆した。

二年余りコラムを連載しているあいだ、さまざまなフィードバックがあった。隣国日本に対する社会的関心の高さをあらためて感じる一方で、その感情が非常に複雑であることも実感した。特に、ウェブサイトのコラムに書き込まれたさまざまなコメントには、日本に対する悪感情が如実に現れていた。大衆文化やトレンドといった軽い内容のコラムにも、もれなく「悪質コメント」がどっさりついた。「親日か、反日か」という二分法を振りかざす意見が多かったが、それとは正反対に、事大主義的だと感じられるほど日本社会への憧れをうかがわせる辛辣なコメントもあった。

コメントがすべての人の考えを反映しているわけでないことはよくわかっている。見ず知らずの人たちの薄っぺらな反応に傷つくような性格ではないので、悪質コメントのせいで無用なストレスを受けたりすることはなかった。ただ、日本社会に対する無分別な批判や根拠のない称賛を生むようなコラムを書いてなるものか、という意地が生まれた。誤読や誤解が生じないよう単語一つ、助詞一つまで検討に検討を重ねていたので、毎回原稿の締め切り前は大変だった。そうやって練り上げたコラムにも偏見まみれのコメントがつくと、がっくりと力が抜けた。

半世紀が過ぎても、歴史に対する韓日それぞれの立場の違いはなかなか埋まらずにいる。歴史問題が政治的、経済的懸案へと広がり、民間レベルの人的、文化的交流にも影響を及ぼしている。韓国国内の政治状況はというと、反日か親日かという単純な尺度で左派、右派を分類しようとする風土まで生まれている。日本というテーマが党派性まで帯びるようになったのだから、冷静沈着な社会的反応を期待するのは以前よりさらに難しくなったのだろうと思う。

過去一世紀のあいだに日本社会は激動の変化を遂げた。なにぶん韓国社会が目まぐるしく変化してきたので、相対的に停滞しているように見えるかもしれない。だが、一九四五年の敗戦以降、日本社会もジェットコースターに乗っているかのような激しい浮き沈みを経験した。戦後の廃墟から目を見張るほどのスピードで再起し、一九六〇年代以降の高度経済成長を成し遂げた。一九九〇年代半ばには、いわゆる「バブル経済」が急激に崩壊し、「失われた三〇年」とも言われる長期的な停滞が続いている。インターネットの登場以降、急変しているグローバル情報環境への適応という新たな課題も浮上している。

日本社会を見ていると、「変化」が必ずしも未来志向的な進展とは限らない、という事実をあらためて考えさせられる。回帰しようとする反動のエネルギーも社会的な変化をもたらす。進歩と反動のあいだを振り子のように行き来する複雑でダイナミックな動きを読み解いてこそ、日本社会の「いま」を理解することができる。現在進行形の日本社会の変化について、私たちはどれくらい知っているだろうか?

過去を知らなければ現在もない、という教訓も大事だが、過去にばかりとどまっていて現在を読み誤る危険性もけっして小さくはない。日本文化に関するコラムを書きながら、韓国社会の日本観は過去にとどまっているような気がした。世にあふれるニュースや情報の中には、実際に日本で暮らす者からすると、すんなり同意できないものもたくさんあった。かつては説得力があったかもしれないが現在の日本社会を理解するにはすでに「賞味期限切れ」のものも多かった。

誤った事実は正せばよい。だが、事を読み誤っている場合には、まず先入観を改めなければならず、それは事実を正すことの何倍も難しい。今までは韓国社会も、変化しつづける現実に適応するのに精一杯で、ある意味、日本社会の変化について深く考える余裕がなかった。今は韓国社会も、前だけを見て走るのではなく、一度立ち止まってみずからを顧みる時期だ。過去にとどまっていた日本観もアップデートする必要がある。

この本は、日本社会の「いま」を直視しようとする試みだ。過去のある時点で凝り固まっている、日本社会に対する「印象論」を超え、変わりゆく日本の現在地を示すべく努力した。何らかの情報源に頼るのではなく、私自身が見て、聞いて、経験し、感じたことをもとに日本社会を分析し、記述した。日本の大学に身を置き、若い世代と率直に交流した経験は、現代の日本社会を理解するうえで大いに役立った。私もやはり人間なので、偏見や先入観がまったくないとは言えないだろう。それでも、この本が、変わりゆく日本の社会や文化のダイナミックさを理解するための一助となることを願う。

第1章「日本社会は、どう変化しているのか？」では、日本社会の現在地を理解するのに役立ちそうなコラムを集めた。日本の若者の考え方や、韓国と日本がともに直面している課題など、変わりゆく日本社会の姿を示す事例を紹介した。

第2章「11のキーワードで見る日本文化」では、集団主義や自然災害、オタクなど、韓国で比較的よく知られている現象が、二一世紀以降の日本社会でどのように展開しているかを記述した。

第3章「韓国という鏡に映して見た日本文化」では、韓国と日本の文化的特徴を比較した。同じ文化圏に属する韓国と日本には似通った点が多い一方で、意外と、異なる点も少なくない。比較文化論的観点が、互いに対する誤解や読み誤りを正すのに役立つだろう。

第4章「国境を行き来するメディアと韓日関係」では、急変する情報環境の中で変化する韓日関係について記述したコラムを集めた。インターネットの登場は、韓日関係を以前とはまったく異なる局面へと導いている。この変化を理解するための糸口となることを願う。

この本は日本の社会や文化についての探究だが、また一方では、韓国の文化がどんな顔をして、どんな道を歩んでいるのかについての省察でもある。異文化の探究には、小さな昆虫を観察するような忍耐強さと繊細さが求められるが、自文化を省察するには、未知の宇宙へ旅立つときのような謙虚さと大胆さが必要だ。興味深いが、なかなか手ごわい道だ。メディア人類学者が案内するその道を、読者のみなさんも最後まで一緒に歩んでくださることを願う。

第1章　日本社会は、どう変化しているのか？

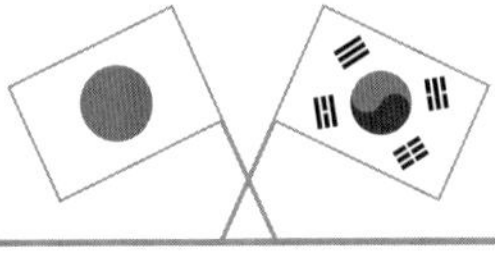

「日本に生まれてよかった」と言う若者たち
――日本の若い世代は右傾化しているのか

「日本に生まれてよかった」と口にする日本の若者はそう珍しくない。なにも特別な理由があるわけではない。「日本は食べ物がおいしいから」や「着物が美しいから」のように、自文化への親しみが好感として表現されるケースもあれば、「ほかの国より人が親切だから」とか「ほかの国より街が清潔だから」といったように、見知らぬ外国への漠然とした距離感が自国への肯定的な評価につながるケースもある。

中には「東京ディズニーランドがあるから」を理由に挙げる若者がいて、思わず吹き出したことがある。その人は本気で、ディズニーランドがあるから「日本に生まれてよかった」と思っているわけではないはずだ。日常の中にある良いイメージのものを、軽い気持ちで、自国や自文化への愛着を示すのに用いただけだろう。国家に対する自負心と言っては大げさだが、そういった軽い気持ちも広い意味では愛国心の部類に含まれる。

文化的アイデンティティに矜持を持つのは悪いことではないが、歴史的に、行き過ぎた愛国主義は得るものより失うもののほうが大きい。自国への忠誠心をもっとも重要な価値として優先するうちに、やがて他国や他文化への嫌悪や攻撃を合理化する論理へと変化していったケースが少なくないからだ。代表的な例が、トランプ政権下のアメリカ社会だろう。「アメリカを再び偉大に」と叫ぶ大統領の愛国主義は、文化的、経済的な排他主義をあおる否定的な力として作用した。

太平洋戦争当時の日本社会も、愛国主義の副作用をしたたかに経験した。「戦争に協力することこそが真の愛国心」というプロパガンダが大々的に展開される中、戦争に反対する者は「非国民」のそしりを免れなかった。文化的排他主義が世界の秩序を脅かしている昨今の状況を見ても、また、愛国心が戦争を合理化した過去の教訓を振り返ってみても、行き過ぎた愛国主義は副作用が大きいとの思いが浮かぶ。実際に、何かにつけ愛国心を強調する現象は、社会が右傾化している兆候だ。ならば、日常の中から「日本に生まれてよかった」理由をたびたび見つけ出す日本の若者たちは右傾化しているのだろうか？

若い世代はイデオロギーと関係なく保守化している

最近の研究結果を見ると、[*2] 日本社会が全般的に右傾化しているのは比較的明白だ。だが、若い世代の特徴に着目すると特異な点がある。まず、愛国主義は、既成世代〔現在の社会を率いる年配の世代〕と若

＊2　『日本人は右傾化したのか――データ分析で実像を読み解く』（田辺俊介編著、勁草書房、二〇一九）で紹介されている調査結果を参照した。

い世代のどちらにも共通して強まっている要素だ。日本の若者たちが「日本に生まれてよかった」点をたびたび見つけ出すのも、その傾向の表れだろう。

だが興味深いことに、歴史的・文化的・人種的純粋性を強調する排他的性向は、日本の若者たちのあいだではむしろ弱まったという調査結果が出ている。純血主義と呼ばれるそうした傾向は、愛国主義と足並みを揃えて強まっていくのが一般的だ。たとえば、アメリカで「アメリカを再び偉大に」というスローガンが広まると、他国のみならず自国内の有色人種をも嫌悪し排撃する風潮が現れた。ところが、日本の若者の場合、愛国心は強まったけれど、純血主義や排他主義は弱まったという。言い換えれば「日本に生まれてよかった」という自負心は大きくなったけれど、攻撃性に転じやすい性向は弱まったという意味だ。一般的な右傾化の様相とは一線を画している。

別の尺度においても逆転現象が見られた。社会的安定や権威、秩序を重視する保守的性向が、中高年層よりもむしろ若者層で高くなっていたのだ。一般的に、若者は権力に立ち向かい、既存の秩序に抵抗する、というイメージがある。ところが最近の日本では正反対に、若い世代であるほど権威に服従し、治安を重視する性向が顕著に現れているのだ。

一方、経済的な側面でも、既存の権威を擁護する姿勢が目立った。社会問題があれば共同体が協力しみんなで解決すべきだという意識よりも、個人レベルで乗り越えるべきだとの考え方が支配的で、貧富の差や社会階層が存在することも肯定する。たとえば、日本の若者層では原発を支持する世論が優勢だ。大々的な変化が予想される脱原発政策よりも、日本政府が数十年間推進してきた経済成長中心の政策を維持するほうが、より安定的だというのだ。

総合すると、日本の若い世代は、明確に右派の思想に近づきつつあるとは言いがたいものの、社会的権威や既存の秩序を擁護する保守性向はより強まっている。なぜだろうか？　日本社会の政治や経済の状況、さらには就職や家族、恋愛など、日常生活で感じる不安定さが高まっているせいだ、との説がおおむね受け入れられている。未来への不安が大きいため、改革よりも既存の秩序や安定を選ばざるを得ないということだ。

一方、親の世代から豊かさを与えられた経験が保守的な姿勢を強めている、との分析もある。実際に、親世代に経済的に依存する若者ほど権威主義を好む性向があるという調査結果が出ている。政治的な右傾化ではないものの、社会的・経済的には保守的な権威や秩序を重視するこうした状況を「イデオロギーなき保守化」とも言う。

韓日の若い世代、文化の違いより世代の違いのほうが大きい

韓国と日本の若者同士は、外国で出会うとすぐに仲良くなる。歴史問題など政治的なことに関しては意見の違いもあるが、言葉の壁さえ乗り越えれば、さまざまな問題について比較的話がよく通じるからだ。国際交流プログラムに参加した韓日の大学生たちに「世代の違いと文化の違い、どちらのほうが大きく感じられるか？」と質問したことがあるのだが、全員が口を揃

えて「世代の違いのほうがはるかに大きい」と答えた。

同じ文化圏に属し、衣食住など生活習慣が似ているということもあるだろうが、インターネットやSNS（ソーシャル・ネットワーキング・サービス）など、同じようなメディア環境の中で生活していることの影響も大きいはずだ。実際に、グーグルで検索し、ツィッター〔X現・〕やインスタグラムに日常生活をせっせと投稿する若者は、世界じゅうどこにでもいる。彼らが関心を持っているテーマも、考えていることも、好きなもの嫌いなものも、似たりよったりだ。さらに、韓国と日本は文化的に似ているだけでなく同じような社会問題を抱えているため、就職や恋愛など、悩み事もそう変わらない。日本の若者の情緒を理解することは、韓国の若者をよりよく理解するための方法でもあるのだ。

若者たちが、権威や既存の秩序に抵抗するどころか、むしろ擁護している現象は、改革派と保守派とに分ける時代遅れの陣営論理で言うところの「保守派」のように見える。だが、日本の若者たちと話をしてみると、政治的イデオロギーとの決別は、既存の秩序を守ろうとする保守的な考えによるものではないように思える。厳しい競争で敗北感を味わってばかりの現実と妥協した、自然な結果なのかもしれない。そういう観点で見ると「イデオロギーなき保守化」は、若い世代の右傾化の兆候というよりは、左派と右派とに分ける既成世代の政治感覚は若者には何の共感も呼び起こさない、との意味にも読める。韓国も日本も、既成世代が真剣に考えなければならない部分だ。若い日本人の「イデオロギーなき保守化」は、隣国で起こっているただの他人事ではないはずだ。

日本の市民たちはなぜ黙っているのか？
――無能な政府に文句を言わない日本の市民社会

新型コロナウイルスの感染拡大に対する日本政府の「空振り」が続いているのを見た韓国の知人たちから「日本の市民はなぜ、無能な政府に文句を言わないのか？」と、よく質問された。暴走する権力を市民の力で倒した記憶がいまだ生々しい韓国社会からは、出てきて当然とも言える疑問だ。

二〇二〇年初め、新型感染症の大流行が始まったころから、日本政府の感染対策は消極的だった。コロナの診断検査をできるだけ積極的に実施すべきという海外の専門家の意見とは逆に、日本政府は、検査を増やすと医療が崩壊する恐れがあるという詭弁を弄《ろう》した。「緊急事態宣言」は出したものの、市民に外出自粛を求めるのみでこれといった感染対策はなく、市民の不安は募るばかり。国のトップがペットの犬とのんびり戯れる映像をＳＮＳに載せて人々の怒りを買ったかと思えば、莫大な国家予算を投じて支給した布マスクは不良品が続出。しかも、そのマスクの供給元は、政権との癒着が疑われる正体不明の幽霊会社ときた。

ここまでくるとさすがに堪忍袋の緒も切れそうなものだが、市民の政府に対する不満の声はなかなか聞こえてこない。日本の市民たちは、自分の命と健康がどうなっても構わないのだろうか？　なぜ、無能で傲慢な権力を黙認するのだろうか？

日本の現代史の彼方に消えた「デモの時代」

韓国では、政治に関することのみならず、性差別や職場でのいじめなど、さまざまな社会問題に対する集団行動がしょっちゅうおこなわれている。ソウルの光化門《クァンファムン》広場はいつも大勢の人々で騒々しいが、おかげで社会的課題が広く議論されるようになり、解決策を模索する動きも活発だ。

対照的に日本では、市民による大規模な集団行動はあまり見かけない。「嫌韓デモ」のような人種差別的な集団行動はときどき見られるが、それらは排他主義や憎悪感情をアピールする政治的イベントに近い。特定の社会問題について意見を主張したり、明確な解決を求めたりする市民運動と同等と言うのは無理がある。

かつて日本にも、今の韓国に劣らず、市民社会の声が力強かった時期があった。たとえば、一九六〇年代のベトナム戦争の勃発直後から、日本の市民が連帯して大規模な反戦デモを持続的に繰り広げていたことはよく知られている。全国の約三〇〇の団体からなる「ベトナムに平和を！市民連合」（以下、べ平連）の主導したデモには、数百万人が自発的に参加した。

べ平連は日本政府に対し戦争に加担しないよう明確に求めただけでなく、アメリカ政府に対しても、戦争に反対するという意見を堂々と伝えた。一九六五年一一月、アメリカの新聞「ニューヨーク・タイムズ」一面に、べ平連の名前で「爆弾はベトナムに平和をもたらすか？」という痛烈な見出し入りの全面広告を出したほどだ。無気力な現在とはまるで異なる「デモの時代」が、日本にもあったのだ。

だが、それらはあくまでも半世紀前の歴史に過ぎない。急速な経済成長と社会の変化の中で、政治への関心は薄れていった。学生運動の主人公たちが大挙して政界に進出した韓国とは違い、日本で市民運動を率いていたリーダーたちは影を潜めた。「デモの時代」にまつわる記憶の隅には、急進左派の学生たちの過激な武装闘争（通称「全共闘」）に対する否定的なイメージも残っている。

福島原発事故後、一瞬高まったあとトーンダウンした市民の声

二〇一一年の福島第一原発事故のあと、市民の声が一瞬高まったようでもあった。そのころは、反原発デモが全国各地でかなり長いあいだ続いていた。二〇一二年には、東日本大震災後、再び政権についた保守政党の露骨な右傾化を批判する大学生や知識人による組織的な行動が一時活発になったりもしていたが、結局はスタミナ不足で立ち消えとなってしまった。

インターネット空間の市民行動を研究していると、この問題について日本の知識人たちと意

見を交わす機会が少なくない。日本における市民の集団行動は、何かと難しいテーマだ。健全な市民社会のため推奨されるべきだという本質的な主張もあるものの、「和」を最優先とする雰囲気の中で「出る杭」の役割をみずから買って出るのは相当な負担だ。飲み込めそうにないが、かといって吐き出すのはもったいない「熱いジャガイモ」のような、厄介な事案だ。結局、「日常の中で各自やるべきことを黙々とこなすのも市民の望ましい姿だ」という教科書的な役割論によって無気力さを正当化する、というのがお決まりのパターンだ。

ある日本人の同僚は、日本の市民社会に活力がない理由について「暴走する権力による破綻を経験したことがないから」と見立てる。韓国社会は、軍事独裁や、民主化運動に対する暴力的な弾圧など、権力乱用による問題を骨身にしみて経験してきた。それに比べて日本社会では、少なくとも表面的には、市民が権力の暴挙を肌で感じたことがないというのだ。

半世紀のあいだ対外問題にかかりきりだった政界と市民社会

日本人の観点からするとそう感じられるのかもしれない。だが、第三者の視点で見ると、日本社会に内部的な問題がなかったというより、あちこちに散在している矛盾が「破綻するほどの危機的状況」という形で表面化したことがない、というほうが正確だろう。

敗戦後、日本社会はずっと「いかにして再び国際舞台で存在感を示すか」という問題を主要課題と捉えてきた。政府の政策課題も、市民社会の批判意識も、外交や国際関係に焦点が当てられていた。他国への武力誇示という好戦的な企ての果てに二〇世紀前半を無惨な形で終えた敗戦国の宿命と言うべきかもしれない。

その結果、日本社会内部の矛盾や問題は相対的に放置されてきた。複雑な社会問題を単純な経済的課題にすり替える、または外交問題であるかのように解決を図る、といった思考パターンも定着した。それゆえに、福島原発事故を乗り越えるために東京オリンピックを誘致しよう、という無理な主張が説得力を持つのだ。世界じゅうで関心が高まっている「MeToo 運動」やデジタル政府などの動きに対し日本の市民社会の反応が鈍いことや、さらには、そうした前近代的な姿を「日本固有の文化」だと擁護する不可解な態度も、そのような経緯と関連があるのだろう。

コロナ禍による「破綻」が日本の市民社会の変化を引き出せるだろうか？

社会は「破綻」を経験することで権力の危うさに気づき、苦しみながら過去と決別する。韓国ほどパワフルな集団行動ではないものの、日本でも、SNSのハッシュタグを活用して政府のコロナ対応を辛辣に批判する「オンラインデモ」が静かに広まったことがある。今回のコロナ禍を通して日本社会は建設的な「破綻」を経験しているのかもしれない、との思いが浮かぶ。だが、一方では、コロナのパンデミック下で実施された二〇二〇年衆議院補欠選挙で政権与党が勝利したというニュースも耳にする。変化の機運が到来したとはいえ、半世紀以上深く根を下ろしてきた思想の慣習はそうやすやすとは破られないだろう、とも感じる。

韓国には金のスプーン、日本には親ガチャ――社会的不公正は韓日共通の課題

日本でよく取り沙汰される「親ガチャ」という言葉がある。「親」と、カプセル入り玩具が無作為に出てくる自販機「ガチャガチャ」とを合わせた、若者の隠語だ。親をカプセル自販機にたとえる表現に、眉をひそめる人もいるかもしれない。

この言葉は、「親ガチャに外れた」などのように自虐的なニュアンスで使われることが多い。「親運に恵まれなかったせいで人生苦労ばかりだ」と嘆く、一種の風刺だ。ガチャガチャの勝敗は、ひとえに運にかかっている。誰もが羨む「レアアイテム」を引き当てて喜ぶのは運の良い一握りの子どもたちだけで、ほとんどは、パッとしないありふれたおもちゃを引いて、みずからの不運を嘆くのだ。

親は、ガチャガチャと同じく選ぶことができない。金持ちの親を「引き当てた」少数の子たちは裕福な人生を歩み、普通の親を「引いた」大多数の子たちはそれなりの人生を歩む。ひどく貧しい、または問題だらけの親を「引いた」ばかりに、人生の序盤から茨《いばら》の道を耐え忍ぶしかない子たちもいる。「良い親を『引き当て』さえすれば人生すべてうまくいく」という若者

たちの風刺には、貧富の差がどんどん固定化していく現実への鋭い批判が潜んでいる。

そういえば、韓国にも同じような言葉がある。「金のスプーン」「銀のスプーン」「土のスプーン」などと表現される、いわゆる「スプーン階級論」だ。金持ちの親のもとに生まれたら金のスプーン、貧しい親のもとに生まれたら土のスプーンだ。金のスプーンは、親の惜しみない金銭的支援を受けて入試や就職、結婚などの関門を通過し、そのおかげで比較的楽に社会的成功を手にする。かたや、親の支援を受けられない土のスプーンは、幼いころから何事においても不利で、苦労する。何もかも自力で切り拓いていかねばならないため、成功への道も険しい。

親の財産や地位がそっくりそのまま子や孫に引き継がれるというのだから、ほとんどの「普通の人」にとっては、がっくりと意気消沈するような話だ。もちろん、金のスプーンだからといって必ずしも幸せとは限らないという。血のにじむような努力の末、人も羨む暮らしを手に入れたという、土のスプーンの成功談もときどき耳にする。だが、そういう結果論に何の意味があるだろうか？　今まさに目の前にある「傾いた運動場」〔公正な競争が期待できない状況のたとえ〕で競争しなければならない当事者にとっては、何の慰めにもならない。

日本は韓国に劣らぬ格差社会だ

日本で大学ランキング一位の東京大学の新入生のうち、親が高所得世帯である割合は、同年の全国平均の二倍、という調査結果が発表されたことがある。国立ゆえ学費が比較的安い東大でその状況なので、学費の高い名門私立大学は推して知るべし。親の財力がなければ受験すらできない。懐具合の豊かな親たちはわが子を、小中高校の段階から、私立の教育財団の運営する学校に入れる。そうすれば、その財団の運営する有名私立大学の受験で有利なので、比較的スムーズに良い学閥を手に入れることができるのだ。家庭教師をつけたり、幼いころから海外留学を経験させたりするなど「私教育」にも力を注ぐ。

日本も韓国に劣らぬ学歴社会なので、いわゆる「いい大学」を卒業すればエリート階層の一員になれる可能性が高い。貧富の差は、財力の差だけにとどまらない。教育格差や文化格差、情報格差など、不平等な社会環境を多方面に拡大していく力がある。親ガチャ云々という愚痴が出てくるのも当然のことなのだ。

長年にわたる日本の政界の世襲の慣行は、特に社会の指導者層において「親ガチャ」の恩恵を受けている人が多いことを示す典型的な例だ。地域の後援会を引き継ぐという形で、国会議員である親や親戚の選挙区を譲り受ける、あるいは、政治家である親の人脈を活用して早くからキャリアを積み、それを基盤として政治家デビューするといったケースはざらにある。

二〇二一年九月、新総裁に選出された岸田文雄首相も、いわゆる「政治の名門一家」出身の代表的な世襲政治家だ。名門私立大学を卒業後、衆議院議員だった父親の秘書として若くして政界に入り、順風満帆な道を歩んできた。政治家の息子が父親を見習って政治家を目指すという、その志までとやかく言うことはできないが、普通の人には夢のまた夢の超高速政界入門の道が彼らだけに開かれているという点では、公正の価値を著しく傷つけている。

何より、家業を継ぐように政治権力を世襲することは、民意を代表する政治家の本分とはかけ離れている。国会議員の世襲に対する批判はこれまでも繰り返し提起されてきたが、この慣行は簡単にはなくならないだろう。日本の現役国会議員の実に三分の一が、良い親を「引き当てた」おかげで比較的スムーズに社会的地位を獲得した世襲政治家だからだ。

親ガチャという言葉が流行っているところを見ると、日本の若者が不公正な社会構造に憤りを覚えているのは間違いないだろう。ところが、彼らの、生活に対する満足度や幸福感は以前より高まっているというのだから、ちょっと妙な状況だ。たとえば、一九八〇年代から日本の若者について研究を続けてきた社会学者や教育学者を中心とした研究グループ「青少年研究会」が一〇年ごとに調査、発表する研究結果によると、[*3]二〇一〇年代の若者の生活満足度は、一九九〇年代以降もっとも高かった。

二〇二〇年代の調査結果はまだ発表されていないので単純比較はできないが、最近出た別の調査結果によると、幸せだと感じている若者の割合は、ほかの世代よりも高い。社会的構造が不公正だと認識しているにもかかわらず生活満足度は高まっているという、矛盾した状況だ。

＊3　ここで言及した青少年研究会の調査結果は『現代若者の幸福——不安感社会を生きる』（藤村正之・浅野智彦・羽渕一代編、恒星社厚生閣、二〇一六）に掲載されている。

ある社会学者は「生活環境が良くなったからというより、社会への期待値が低くなったという意味だ」と解釈する。自分の努力は報われるだろうという期待値がそもそも低いので大きく失望することもない、ということだ。そういう観点から見ると、若者たちのシニカルな論法が、社会への不満を自分の運命のせいにする敗北的宿命論のように聞こえてくるのも事実だ。実際に、持って生まれた才能や容姿を自分の運命だと揶揄する「才能ガチャ」や「容姿ガチャ」、生まれた国によって人生が変わってくるという「国ガチャ」など、社会的不平等や制度的矛盾を個人の運命であるかのように正当化する話があちこちから聞こえてくる。

既成世代の中には、若者は、親ガチャを云々することで消極的で受動的な生き方を合理化している、と批判する人もいる。一方で、「エリート街道に乗れるのは既得権益層のみ」という制度的な矛盾が若者を無気力な人生へと追いやっている、との声もある。不公正な社会で競争を強いられる若者を過去の物差しで批判するのは間違っている、との主張も説得力がある。

不公正を解消する実践的方法がより重要だ

日本社会で不公正さについての論争が起こっているという事実だけでも、希望が持てる。社会的矛盾を克服するには、まずそれを社会問題として認識する必要があるが、日本の既成世代は社会的矛盾を個人の問題と考えがちだ。たとえば若者が入試や就職などで現実的な困難に直面していると言うと、そのことを社会全体で悩み、解決すべき事柄と捉えるのではなく、若者自身が努力して克服すべき個人的な悩みと捉えることが多かった。そういう意味で、若者が自分たちの言葉で提起した「親ガチャ論」が、日本社会が社会的不公正という問題を直視し、多方面から深く議論していくための第一歩となることを願う。

だが、議論だけに終わらず、改善案を実践していくことのほうが重要だ。韓国社会も同様の課題を抱えている。ずいぶん前からスプーン階層論が提起されていたにもかかわらず、社会の指導者層の子に対する特別待遇の問題は後を絶たない。国会議員の子が、親のおかげで転がり込んできた特権を当然の権利であるかのように振る舞い、人々の怒りを買っている。社会的不公正の改善という課題が広く議論されるようになって久しいが、率先してそれに取り組んでいくべき社会の指導者層が、逆に妨げとなっているのだ。結局この問題は「既得権益層にいかにして改革の刃《やいば》を突きつけるのか？」という難題に行き着く。韓国も日本も、実に難しい問題に直面している。

福島は忘れない――「リスク社会」の現実を考える

新型コロナのパンデミックの中で二〇二二年を迎えた。ウイルスとの戦いがこんなにも長引くとは思っていなかった。人と会うのは必要最低限にし、外出時にはマスクを着用、ワクチンの効力の持続期間をいちいち確認しなければならない、という不便な日常には、ある程度適応した。実際、私たちを落胆させるのは、このつらい生活がいつ終わるのかわからないという事実だ。まるで災害映画が現実になったかのような状況が、もう三年目に入ったというのだから。

コロナのパンデミックを機に、かつて社会学者ウルリッヒ・ベックが主張した「リスク社会」という概念についてたびたび考えるようになった。彼は、近代の科学技術の発展が人間に豊かで安楽な生活をもたらしたのは事実だが、同時に、人類をこれまで経験したことのない危機にさらすことにもなった、と主張している。実際に私たちは、環境汚染や地球温暖化、生態系破壊など、科学技術の発展とともに現れたさまざまな問題を目の当たりにし、経験している。

コロナのパンデミックも、現代の科学技術の発展と無関係ではない。飛行機や鉄道網など交通技術の発展とともに飛躍的に高まった物理的な移動性が、致命的なウイルスを瞬く間に全世界へと拡散した。グローバル時代には新種のウイルスが広範囲の災害となり得るという警告は、ずいぶん前からあった。その不吉な予言が現実となり、私たちを苦しめているのだ。豊かさに安住することなく、地球規模の危機に対処できるよう省察を深めなければならないという碩学《せきがく》の助言を、あらためて思い返さずにはいられない。

福島原発事故は「リスク社会」の現実

二〇一一年三月一一日、福島県にある原子力発電所で放射線漏れ事故が発生した。東日本大震災とそれに続く津波により損傷した原発から大量の放射線が漏れるという、世界最悪の原発事故だった。事故当時の状況に関して、原発の運営会社の失策を指摘する声も少なくなかった。ただ、当時の緊迫した状況をじっくり振り返ってみると、かりに完璧な対応をしていたとしても大規模事故を防ぐのは難しかっただろうという絶望的な思いは拭いきれない。マグニチュード九という未曾有の揺れが電気の供給設備に致命的な損傷を負わせ、続いて原発の建物をまるごと飲み込んだ高さ一四メートルもの巨大津波は非常用発電機まで停止させた。何事にも安全、安心を徹底する日本社会だが、使用可能な電力供給源を完全に喪失するという状況は想定外だったのだ。

原発事故はリスク社会の赤裸々な現実だ。ベックの著書『リスク社会』〔邦訳書は『危険社会――新しい近代への道』東廉・伊藤美登里訳、法政大学出版局〕は、一九八六年の旧ソ連チェルノブイリ原発事故直後に刊行されたことで一層注目を集めた。原発技術のおかげで安価で質の良い電気の供給が可能になったが、自然生態で人間の力では完全にコントロールしきれない技術であるなら、そもそも根本的に限界がある。人類のスケールを超えた自然の猛威に耐え得る人工物など存在するのか、という話だ。原発事故で地域住民は生活の場を失い、放射線で汚染された土地は一瞬にして、棄《す》てられた地と化す。広範囲に散在する汚染物質を除去する作業は、極めて危険であるだけでなく、天文学的な費用を要する。

原発は、高度に発達した科学技術の成果であると同時に、政治的、経済的要素が複雑に絡み合った事案でもあるので、性急にその賛否を論じるつもりはない。ただし、原発の技術は、小さなミスでも文明社会に甚大な危機をもたらし得るという点を忘れてはならない。支持率ばかり気にする政治家や、科学技術の力を盲信する学者たちに決定権を委ねるには、人々の生活に及ぼす影響力はあまりにも大きい。

福島復興への果てしない道——新たな文化的アイデンティティを模索する動きも

事故の起きた福島第一原発は「大熊町《おおくままち》」と「双葉町《ふたばまち》」にまたがって位置する。事故直後、二つの町の住民は全員強制避難となり、その後長らく、町に住むことも自由に出入りすることも禁止された。二〇二〇年以降、町への出入りが徐々に許されるようになり、二〇二二年には、一〇年以上続いた避難指示が解除される見込みという、うれしい知らせもあった。

大熊町出身の日本人の友人がいる。東京で働いていたが、故郷への愛情は並々ならぬものだった。原発事故前は、ご両親が手ずから栽培した桃や梨が送られてきて、私もときどきおすそ分けしてもらっていた。当時は福島産の果物ほどおいしいものはなかった。事故後、友人は帰るべき故郷の家がなくなり、ご両親は突然、故郷を失った。

原発事故から数年後、住民たちに、自宅に入ってもよいという特別許可が下りた。厚い防護服を重ね着し、わずか数分間の立ち入り許可を得て足を踏み入れた、わが家。リビングの時計は、巨大地震の最初の揺れが家を襲った二時四五分を指して止まっていたという。その後も友人は長いあいだ、家を再建するという希望を捨てずにいたが、事故から一〇年目となった二〇二一年、あてもなく空き家のまま放置しておくわけにいかないという家族全員の判断で撤去した。

友人のご両親のように原発事故を機に故郷を離れた福島の住民は、約一五万人。彼らは、以前のような懐かしい故郷の町はもう存在しないという事実をよく理解している。被害地域への避難指示は徐々に解除されつつあるが、帰還の意思を示している住民は少数に過ぎない。放射線による汚染への懸念もあるうえ、この一〇年で居住環境が悪化し、いざ戻ったとしてもまともに生活できる状況ではないからだ。

福島のそういった困難な状況を、新たな文化的アイデンティティで立て直そうとする実験的なプロジェクトも進められている。深刻な災害や事件、事故などのあった地域や施設を訪ねる「ダークツーリズム」と呼ばれる見学ツアーがあるが、福島にもその概念を適用できるのではないかというものだ。チェルノブイリにも、少人数のメンバーで原発事故の被害地域を回る観光プログラムが存在する。福島は、直近で発生した大規模な原発事故の被害がそのまま残されている地域だ。そのつらい経験を社会的なコミュニケーションのきっかけにしようという、発想の転換だ。

一方、双葉町には、カラフルなグラフィティアート（通りの壁にスプレー塗料などで文字や絵を描く芸術）があちこちに出現している。アーティスト集団と町の住民が協力し、時が止まったかのように荒れ果てた町にアートで活気を吹き込む、一種の「実験」を展開しているのだ。

この挑戦がどういう結果を生むかはわからない。活気に満ちていた町の様子を再現した壁画を見て喜ぶ元住民もいるし、グラフィティアートを町の新たな名物にしようという意見もあるという。住民たちがさまざまに努力しながら福島の未来を模索しているのは事実だ。いつかは福島も活気あふれる日常を取り戻すことができるだろうか？　それがいつになるのか、そのとき福島はどんな顔をしているのかは、誰にもわからない。

誰も安全ではいられない時代、福島の現状に耳を傾けなければ

韓国では、福島原発事故というと、日本産の食品の安全性に対する懸念が真っ先に取り沙汰される。自然環境がつながっている隣同士の国だけに食べ物の問題が一番気になるのは当然だが、実はそれは、原発事故に関連する数多くの問題のごく一部に過ぎない。未来志向のエネルギー源として、原発の実効性に関する議論は韓国でも進められている。一〇年を過ぎてもなお、原発事故の深刻な後遺症から回復できずにいる福島の現状に耳を傾けなければならない理由は充分にある。ベックは言う。誰も安全ではいられない時代には、「不安」こそが人々の連帯を引き出す力なのだと。リスク社会を生きる私たちにとって、福島の教訓はけっして小さくはない。

「どんな家を買おうか？」ではなく「どんな家に住もうか？」
――日本の不動産事情

韓国において住宅価格は常に、もっともホットな話題だ。不動産で大金を稼いだという人もいれば、不動産のせいで借金まみれになったという人もいる。新居を用意する金がなく結婚をためらう若者も少なくない。安定した生活を送っているにもかかわらず、不動産で一夜にして大金持ちになった知人を見て「相対的剝奪感」に苦しんでいるという人もいる。大統領選挙でも、住宅価格は重要なキーワードだ。候補者たちはわれ先にと不動産政策を打ち出し、それが、有権者が候補者を選ぶ際の決定的な要因になったりもする。

住宅問題に関しては、日本は事情が大きく異なる。一九八〇年代には、東京や大阪など大都市を中心に不動産価格が高騰する、いわゆる「バブル経済」の時期もあった。だが、一九九〇年代にバブルがはじけ、資産価格は急落した。多少の上がり下がりはあったものの、その後数十年間はゆるやかな下り坂を描いてきた。景気対策や東京オリンピック特需のおかげで不動産の景気が一瞬上向いたこともあるが、それもやはり東京の中心部など、ごく一部の地域に限られた話だ。また、不動産売買の手続きもかなり複雑で、手数料などの費用も韓国の何倍もかかる。そういうわけで、個人が家を売り買いして資産を増やすというケースは稀だ。

投資価値よりも居住環境が選択の理由

日本では、一軒家やマンションは年月とともに古くなっていくぶん、価格が下がりつづけるのが一般的だ。会社員たちは数十年かけて返済するローンを組んで家を買うが、ローンを返し終わるころには住宅価格は半分ほどになっていることを覚悟しなければならない。そういう状況なので、家を買うときに投資の視点で検討することはあまりない。老後に暮らしたい場所に家を買って終《つい》の棲家《すみか》とする。特に気に入った場所がない場合は賃貸という方法もある。

もちろん、中には不動産で金を稼ぐ人もいなくはないだろう。ただ、多くの日本人にとっては「どんな家を買おうか？」という不動産問題よりも「どんな家に住もうか？」という居住の問題のほうが、はるかに重要なテーマなのだ。

資本主義社会では「どんな家に住もうか？」という問題も、経済的な要因とまったく無関係とは言えない。日本でも、大都市の高価な住宅に住んでいる人は所得が多いか、資産にゆとりのあるケースが多く、住宅価格がやや安価な郊外に住んでいる人は中産階級である確率が高い。ただ、どこに住もうが、どのみち住宅価格は下落していくという前提は同じだ。高価な高級住宅に住んでいることは、高い住居費用を支払えるだけのゆとりがあるという意味に過ぎず、不動産のおかげで資産が増える可能性は低い。

たとえば、日本の大手不動産会社が毎年調査、発表している「関東地域で住みたい街ランキング」一位には、もう何年も横浜が選ばれている。東京の中心部からやや外れた吉祥寺や埼玉県の大宮なども常にベスト5に入っている。これらの地域には、大規模な再開発プロジェクトなど、不動産価格を引き上げるような条件は備わっていない。病院や商店、ショッピングモールなど生活に必要な施設が揃っているとか、大きな公園が近くにあるとか、多様な文化を楽しめるといったように、居住環境の良さで選ばれている地域なのだ。

居住スタイルを自分で「デザイン」する

もう何年も、東京と長野県を行き来しながら「二拠点生活」をしている友人がいる。フリーランスでも充分食べていける専門職に従事している彼は、東京では都心からほど近いシェアハウスに拠点を置き、新幹線で一時間余りの長野県の山奥にも、古びた日本家屋を一軒借りている。仕事があるときは東京のシェアハウスで過ごすが、週の半分は山奥の家でのんびり暮らしている。山奥の家は、友人の好みに合わせ、素朴ながらも趣のある雰囲気にしつらえられていた。庭が広く部屋数の多いその家にみんなで押しかけて、一晩たっぷり遊んで帰ってきたこともある。社交的な友人は誰とでもすぐに仲良くなる「陽キャ」なので、東京のシェアハウスにいるときは地域の食事会や週末のイベントに参加し、山奥の家にいるときは気の合うご近所さんと協力してフリーマーケットや地元の祭りを企画している。

彼が二拠点生活を選択した理由は簡単だ。定期的に通勤する必要のない職業の利点を生かし、都会暮らしと田舎暮らしの両方の良さを味わおうというものだ。都会と田舎を行き来する「二重の生活」があまりに楽しいので、いっそのこと田舎の家を買い取ってしまおうかとも考えているという。

韓国では、シェアハウスというと、自由奔放でお財布の軽い若者たちが一時的に滞在する場所と考えられがちだが、日本では必ずしもそうではない。東京のシェアハウスを拠点としているその友人は、四〇代の独身男性だ。彼によると、シェアハウスに若者が多く入居しているのは事実だが、若者の文化がシェアハウスの雰囲気を支配しているわけではないのですぐに馴染めたという。

この友人のような自由な二拠点生活は、日本でも「特殊な」スタイルだというのは間違いない。日本も全体的に、職場への通勤や子どもの教育などのため、安定した居住形態が好まれる雰囲気がある。だが、個人の進路や好みに応じて、自分の居住スタイルを自分で「デザイン」するという考え方も珍しくはない。意外と多様な住居形態や居住スタイルが存在する。

コロナのパンデミックによる社会的影響が本格化する中、都会を離れ、郊外や地方に移住するケースが増えているという報告もある。日本政府の発表によると、二〇二一年に東京から他地域へ出ていった転出者の数は、他地域から東京に入ってきた転入者の数を上回っていた。日本人を対象とした集計では、一九九〇年代半ば以降初めてのことだ。コロナのパンデミックが長期化している状況と無関係ではないはずだ。コロナ禍の直撃を受け、職を失うなどの困難に直面し、やむなく田舎暮らしを始めた例も少なくないだろう。

ところが、在宅勤務やリモートワークが可能な業種に従事しコロナ禍による打撃が小さいにもかかわらず、都会を離れて郊外に移住するケースもかなりあるという。生活費も感染リスクも高い都会を離れ、自然に親しめる郊外で暮らしたいというニーズが高まっているのだ。コロナ禍を機に、ずっとひとところに住みつづけるという居住スタイルを選ぶ人はさらに少なくなるだろうとの見方も出ている。

家に関する新たな問いを投げかける時

日本のように数十年間、不動産価格がゆるやかに下落あるいは停滞している現象を「長期的停滞」というネガティブなニュアンスで表現することが多い。持続的な経済成長を目指すマクロモデルではそう見えるかもしれない。だが個人の立場では、住宅価格が安定しているがゆえにポジティブな側面もある。不動産で大金を稼ぐ（あるいは失うかもしれない）機会はないだろうが、変動の激しい不動産市場に左右されることなく、マイホームを手に入れるための計画を着々と実践していく道が開けている。また、個人の好みや価値観に合わせてライフスタイルを模索することも可能なので、文化的多様性という点でも望ましい。

韓国では、住宅価格が上がれば上がったで大騒ぎ、下がれば下がったで心配、という状況が長く続いている。いつか不動産バブルがはじけるだろうという警告が出されてからも久しい。

一方、若者層では、多様な居住スタイルへの実験も盛んだという。画一的な都会での生活を抜け出し田舎で「ひと月暮らし」をしてみるとか、早々と退職して田舎で農業を始める、あるいは田舎暮らしをするといった若者も増えているという。韓国の不動産問題がこの先どのように展開していくかは誰にもわからない。ただ、「どんな家を買おうか?」ではなく「どんな家に住もうか?」について真剣に考えるべき時がきたのではないかという気はする。

「性差別」なのか、「性差」なのか?——性役割の固定観念に対する日本社会の見方

二〇二一年二月、「女性がたくさん入っている会議は時間がかかる」という発言によって東京オリンピック・パラリンピック大会組織委員会の会長が辞任する騒ぎがあった。辞任した森喜朗前会長は、以前にも差別的な発言で何度か問題になっている。「子どもを産まない女性は税金で面倒を見る必要はない」との趣旨の失言をしたこともあるので、性別に対するゆがんだ信念を持って生涯を生きてきた人物なのだろう。彼の性差別的な発言は国際的にも非難を巻き起こし、日本社会も沸き立っている。時代錯誤な政治家が権力を握っているという事態について市民社会は反省しなければならないとの声も出ている。

日本のマスメディアもこの騒動を大きな問題として報じてはいるが、公的・社会的責任を示

唆する「性差別」という言葉ではなく、「女性蔑視」という微妙なニュアンスの言葉を使っている。まるで彼の発言が私的なものであると線引きをしているような印象を受ける。私にはその点がどうも釈然としない。

韓国と日本、最下位を争うジェンダー・ギャップ指数

韓国と日本はどちらも、ＯＥＣＤ加盟国の中で男女の賃金格差が非常に大きい国だ（二〇一七―二〇年現在、ＯＥＣＤの男女賃金格差は、韓国が三一・五％と最下位、日本は二二・五％で最下位から三番目）[*4]。ほかの先進国と比較すると、女性の労働条件が男性に比べて著しく劣っているという意味だ。韓国と日本で実際に働いてみた経験に照らしてみても、両国ともに、働く女性が差別を受けていると感じる点は多かった。能力があっても女性には組織から重要な仕事を任されることが少ないだけでなく、女性が地道に専門性を培っていけるような社会的環境もきちんと整っていなかった。「男は外で仕事をし、女は家庭を守る」という固定観念が依然として強い。

以前に比べると生き方も多様になったので、そういう考え方が必ずしも女性の社会的役割を狭めているとは言えない。男性だからと誰もが外で働きたいと思うわけではないし、男女問わ

＊４　https://data.oecd.org/earnwage/gender-wage-gap.htm

ず自分の意思で家事に専念しそのことに満足しているケースも少なくない。

とはいえ、男性より女性のほうが、社会活動の中で大小さまざまな障害にぶつかることが多いのは、今も変わらない現実だ。たとえば、男が家事をがんばれば褒められるが、女は仕事をがんばっても「専門性がある」と褒められるどころか逆に「家庭をほったらかしにしている」と非難されがちだ。結局、そうした社会の雰囲気が、韓日のジェンダー・ギャップ指数の低さにも反映されているのだろう。

韓国も日本も、女性が職場でぶつかる壁は大して変わらない。就職や昇進などで公然とした差別が存在するだけでなく、女性が不利にならざるを得ない暗黙の壁が高くそびえている。女性は、外で働いていても結婚後は出産や育児など家のことを一人で担うケースが多く、それが原因で重要な仕事を任せてもらえなかったりもする。女性が高い役職につくことも稀だ。そんな中でも専門職で活躍する女性は、家事による負担の少ない独身がほとんどだ。

韓国では、そうした現実を改善すべきだという声が大きく、特に当事者である女性たちがみずから進んで、自分たちの社会的地位を改善すべく努力している。日本でも「男尊女卑」は、改善されるべき悪しき慣習の一つとしてしばしば言及されるが、肝心の当事者である女性を含め日本社会のこの問題に対する受け止め方は、韓国とは若干異なる。

性役割に対する固定観念は「差別」なのか「差異」なのか？

先日、久しぶりに日本人の友人とおしゃべりをした。彼女とは長い付き合いだ。大学時代に知り合い、三〇年近く交流が続いている。彼女は外国語学部を卒業後、大阪を拠点とする貿易会社でバイヤーとして働いていたが、結婚を機に専業主婦となった。夫が横浜の職場に異動となったため、勤めていた大阪の会社に通えなくなったからだ。その後子どもを二人産んで育児に専念するようになり、再就職への道はさらに遠のいた。

そんな友人がこのたび再就職したという。二人の子どもも中高生になり、彼女がまた働けるようになったというのはうれしい知らせだが、残念なことに、一〇年以上家事と育児に専念していた彼女に、専門的な業務を担当する機会は与えられなかった。データを入力する単純作業がほとんどの研究補助職だという。彼女の輝かしいキャリアウーマン時代をよく知る私としては、出産と育児でキャリアが断絶し貿易分野の専門性を生かせないのはもったいない、との思いが真っ先に浮かんだ。

だが友人は、自身の状況をちょっと違うふうに受け止めていた。職場で仕事を続けていくための社会的環境が女性には不利だという点には同意するけれど、専業主婦の道を歩むことにしたのは自発的な選択だったというのだ。彼女によると、貿易業は自分の適性に合っていたし仕事もおもしろかったけれど、出産は女性にしかできないことなので、自分の選択を後悔はしていないのだと。彼女は自身の状況を、社会の不条理というよりは、女性ゆえに甘受しなければならない条件と理解していた。

日本では、男女で区分される性役割を、男女間の身体的、文化的な差異から生じる必然の結果だとする見方が強い。もし、高等教育を受けた女性が「経歴断絶女」〔出産や育児などでキャリアが途絶えた女性を指す造語。略して経断女〕として生きるしかないとしたら、韓国なら性差別だと非難囂々《ごうごう》のはずだが、日本では当事者さえも、どうしようもない男女の差異だと穏便に正当化してしまう傾向がある。

たとえば、日本のデジタル大辞泉に堂々と収録されている「女子力」という新造語がある。「女性が自らの生き方を向上させる力。また、女性が自分の存在を示す力」とそれらしく定義されているが、具体的な内容を見ると頭を抱えてしまう。「みずからを美しく装うための美意識」、「徹底した自己管理」、「やさしい言葉遣い」、「料理の腕前を磨くこと」など、いかにも男性の好みそうな女性像がずらりと並んでいるからだ。

「女子力」は、二〇〇〇年代初め、女性向けファッション誌などが流行らせはじめた言葉だ。若い女性層を中心にすんなり受け入れられ、二〇〇九年にその年の流行語大賞にノミネートされて以来、今でもよく使われている。一部には、性差別的だとの批判もある。だが、この概念を擁護する人たちは、女性ならではの強みを生かすための戦略的な方向性を示しているのであって、男性にアピールするための方法を示しているわけではない、と説明する。女子力の目指すところは、男性を通じて自己実現を図る前近代的な女性像ではなく、むしろ積極的に社会活動をしながら魅力を放つ現代的な女性像だというのだ。

私にはこの話が、男性に魅力を認めてもらって初めて女性は社会的地位を獲得できるという、ひどく性差別的な主張に聞こえる。けれど、女性ならではの強みを社会生活で生かすべきだとするこの助言に、日本の多くの女性たちは喜んで耳を傾ける。これも男女の社会的役割を捉える一つの考え方なので、それだけをもって批判するようなことではない。個人の生を忠実に営むための人生観としては利点もあるだろう。だが果たして、そのような安易な状況認識で、男女の性役割に対する根深い固定観念のせいで挫折している人たちの人生は良くなっていくのだろうか、との疑問も浮かぶ。

韓国も日本も、男女平等社会を作るための「答え」を探すことが課題

男女不平等という共通の課題へのアプローチの仕方は、韓国と日本で少々異なるようだ。日本社会では全体的に、男女間の身体的、文化的な差異はすでに決まっているもの、との考え方が比較的幅広く受け入れられている。そういう考え方は、女性に配慮や譲歩という荷を過度に負わせ、抑圧を合理化しているように見える。

それに比べ韓国社会では、男女の性役割の区分そのものが政治権力的イデオロギーである、との問題意識が、比較的はっきりと表明されてきた。そのため、わざわざ対決する必要のない状況でも男女が過度に対立することもある。性役割への固定観念を打破すべきとの問題意識は共有していながらも、男女がそれぞれチームに分かれて戦うような対決構図が、健全な意見交換を妨げているような印象も受ける。

実際、性役割に対する固定観念を差別と捉えるのか、差異と捉えるのかという問題に「正解」はない。観点によってさまざまな捉え方がある。ある意味、それが差別なのか差異なのかという抽象的な議論よりも、性役割に対する固定観念が個人を抑圧しない社会を作るにはどうすればいいのか、具体的な方法を探っていくことのほうが大事だ。男女平等問題には「正解」ではなく「答え」が必要だ。日本も韓国も、まだその「答え」を見つけられずにいるようだ。

ＬＧＢＴに対する認識が変わりつつある
――社会的少数者の普遍的人権をめぐる韓日共通の課題

日本で、いわゆる「ＬＧＢＴ」（レズビアン、ゲイ、両性愛者、トランスジェンダーを意味する英単語の頭文字を取った表現で、性的少数者を包括的に称する単語）に対する社会的認識が変わりつつあるのを感じる。性的少数者に対する見方はかなり柔軟になり、特に彼らの人権についての問題意識に共感する若者が増えている。以前から日本のテレビ番組には、ゲイや、女性に性転換したトランスジェンダーがよく登場していた。中には、相当な人気を集め、芸能人として大成功した例もあった。そういう雰囲気に触れると、「日本社会はもともと性的少数者に寛大なのだ」という印象を持つかもしれない。

だが、実情は必ずしもそうとは言えない。特定のテレビ番組で「ちょっと変わった性格の、奇抜なゲイ男性」というキャラクターが許容されているだけだ。それも、笑いやからかいの対象とされるケースがほとんどなので、むしろ性的少数者に対する偏見を助長しているとの批判が出たほどだ。

そんな雰囲気が、最近少しずつ変わりつつある。たとえば、ゲイカップルの日常をほのぼのと描いたテレビドラマ「きのう何食べた？」が大きな人気を集めている。同名の漫画が先に人気を博していた作品で、弁護士や美容師という誠実な職業人として平凡な生活を営む性的少数者の姿が描かれている。また、中年になって女装の楽しさに目覚め、性自認に混乱をきたす大企業の部長の物語を描いた深夜ドラマ「三浦部長、本日付けで女性になります。」が公共放送（ＮＨＫ）で放映されたこともある。まだ先は長いとはいえ、マスメディアが多様な性的少数者の姿を描くようになってきたということだ。

変わりゆく社会の雰囲気を何よりも実感させるのは、地方自治体を中心に同性パートナーシップ制度が続々と導入されているという事実だ。性的少数者のカップルを公的に認定する制度で、東京を中心とする一部の自治体で二〇一五年に初めて導入された。東京二三区のうち渋谷区など八つの区をはじめ、大阪府や群馬県、茨城県など周辺の自治体にも広がっている〔二〇二四年五月時点で四五八の自治体が導入〕。

東京都も、この制度を二〇二二年に導入する案を前向きに検討している〔二〇二二年一一月から運用開始〕。同性間の婚姻を法的に認定するものではないが、公的機関が配偶者証明に準ずる書類を正式に発行するということなので、性的少数者の人権にとっては肯定的な意味がある。アジアで同性婚が法的に認められているのは台湾とネパールだけだ〔二〇二四年六月、タイでも法案が上院で可決〕。日本の市民社会は、一日も早くこの制度が日本でも導入され、性的少数者の人権を改善するきっかけとなることを願っている。[*5]

LGBT問題に比較的柔軟な個人主義的考え方

道徳的集団主義の強い韓国社会に比べ、日本社会は、プライベートな領域では個人の選択や好みを重視する個人主義の性向が強いほうだ。個人が誰に対して性的好感を抱くか、というのは極めてプライベートなことだ。それゆえ、この件に公的な判断を介入させるのはそれ自体が人権侵害だとの考え方に共感する日本人は多い。ＬＧＢＴに関連する事案がしばしば同性愛への賛否論争に飛び火する韓国社会に比べると、当事者の抱える心理的なハードルは低めだ。

日本でも、性的少数者が自身について明かすのはまだまだ難しい。家族や友人たちにどう受け止められるか、あるいは職場など社会的関係に影響を及ぼすのではないか、など、精神的負担は相当なものだ。それでも、自身がゲイやレズビアンであるという事実から問題意識を発展させ、独創的な論文を書いている日本人の研究者がいる。トランスジェンダーという自身の性自認を堂々と明かし、大学で「ジェンダー論」を講義している同僚もいる。韓国社会ではなかなか見られないことだ。

　個人的にはこんなこともあった。大学での講義の初回の授業が終わったあと、ある男子学生が私のそばにやってきて、小さなメモを差し出した。そこには、実は自分はトランスジェンダーで、これからは変更後の男性の名前で呼んでもらえるとありがたい、と書いてあった。そういえば、出席をとったとき、返事がないので欠席扱いにした学生が一人いた。性別を変更する前の名前が出席簿に登録されていたらしい。本人の望みどおり出席簿の名前を修正し、以降、その学生は男性として授業を受けた。いつも溌剌《はつらつ》としていて、鋭い質問で討論の授業に活気を与えてくれる、ありがたい存在だったのを覚えている。

　もちろん、日本社会全体がそういう雰囲気というわけではない。ただ、研究者コミュニティや大学など、多様性というキーワードを重視する分野では、性的少数者への偏見はかなり弱まった。そのことに後押しされ、性的少数者が少しずつでも自身について明かし、健全に社会生活を送れる余地も生まれつつある。

＊5　二〇二二年六月、同性パートナーシップを認定する東京都の条例が都議会を通過した。一一月から正式に実施される「パートナーシップ宣誓制度」は、当事者のプライバシー保護のため、パートナーシップの登録や証明書の発給など、手続きはすべてオンラインでおこなうこととしている。

問題の本質は社会的弱者に対する差別

ＬＧＢＴ問題に前向きな市民社会とは対照的に、日本の政界が性的少数者に向ける冷たい眼差しは相変わらずだ。日本では最近、性的少数者への差別を禁止する、いわゆる「ＬＧＢＴ理解増進法案」の立法が、保守派の強硬な反対に遭い、頓挫の危機に直面した。そもそも、二〇一六年にこの法案の検討が始まった背景からして不自然だった。性的少数者に対する人権意識が高まった結果というよりは、オリンピック開催国という対外的な名分を重視した立法活動だったからだ。オリンピック憲章には「性的指向を含むいかなる差別も受けない権利と自由」が謳《うた》われている。開催国として、これに符合する法律を宣布し、模範を示そうという意図があった。

経緯はともかく、社会的弱者を守ろうという趣旨は高く評価されるべきだが、議論の過程で性的少数者への差別や偏見を助長する暴言が飛び出すなど、お粗末な人権意識があらわになった。中でも、「差別は許されない」と包括的に明示した法案の目的に対し、保守の強硬派が反対姿勢を示した。「過度な差別禁止運動へと広がっていくのは望ましくない」「差別の範囲が明確でないので予期せず加害者になる人をつくってしまう」など、社会的差別を事実上擁護する発言が政治家の口から公然と飛び出したのだ。相違する見解の合意点を見いだせないまま、法案は結局、総会案件として提出すらされなかった。差別に苦しむ社会的弱者を守るどころか、国が率先して差別を助長する結果となったのだ。

ＬＧＢＴ問題に対する見方が柔軟になりつつあるからといって、日本社会の普遍的な人権意識が高まったとは思わない。在日コリアンへの偏見や外国人労働者に対する排他的な認識はなかなか変わらないし、男女の社会的役割をめぐる差別的な慣行も根強く残っている。最終的に法案は実現しなかったが、日本で性的少数者の人権問題が政治的に広く議論されるようになったのは、それなりに前向きなことだ。ＬＧＢＴの事案は社会的弱者に対する差別と関連しているという点を可視化できたからだ。

性自認の問題に関しては、宗教的信念や価値観などによってさまざまな判断や評価があるだろう。ただし、そういう判断の是非を問うことがＬＧＢＴ問題の本質ではない。「極めてプライベートな領域での個人的な選択を問題にして社会的差別を正当化してもよいのか」という点こそが、この問題の本質なのだ。

この事案に関しては韓国社会も課題が少なくはない。二〇二一年二月、「性的少数者の祭りに反対する権利も尊重されるべきだ」という政治家の発言が報じられた直後に、クィア文化祭を率いていた活動家がみずから命を絶った。同三月には、性別適合手術を受けたあと軍隊を強制除隊させられたトランスジェンダーの活動家も自死を選んだ。社会的差別が、ある人にとっては命を絶つほどの苦しみになるということだ。誰しもプライベートな選択を尊重される権利がある。少なくともこの問題に関しては、日本社会の「究極の個人主義」を参考にすべきではないだろうか？

恋愛に冷めている日本の若者たち

――「恋愛が幸福の本質ではない」変わりゆく恋愛観

日本の若者の、恋愛に消極的な風潮は昨日今日に始まったものではない。たとえば、十数年前にはすでに「草食系男子」という造語が登場していた。日本のある文化評論家の作った言葉で、恋愛を完全にシャットアウトするわけではないものの、相手に積極的にアプローチしていくこともない男性を指す。韓国でも、恋愛に関心を示さない男性を草食男《チョシンナム》と呼んでいるのをたびたび耳にした。

人気のテレビドラマから始まった「干物女」という奇妙な言葉もある。何をするのもおっくうな「めんどくさがり屋」のせいで恋愛まで放棄した若い女性を指す。「恋愛細胞がまるで干物のように干からびている」とは、なかなか上手いたとえだ。草食男ほど頻繁にではないが、この言葉もやはり韓国でひそかに使われている。若者が恋愛に必死にならない風潮は韓日共通のようだ。

日本の若者はなぜ恋愛をしないのだろうか？　二〇二〇年、東京大学のある研究チームが日本の成人男女の恋愛動向を分析した結果から考えてみよう。[*6]　過去三〇年間で、一八～三九歳の未婚男女のうち異性交際をしていない人の割合は着実に増えている。二〇一五年の時点で、三〇代の未婚男性の三人に一人、未婚女性の四人に一人は恋人がいないという結果だった。日本の若者の「草食化」が実際に進んでいることが事実として確認されたのだ。

分析結果の中には、一般的な認識を覆すものもあった。テレビコマーシャルなどではシングルライフが、好きなことに没頭し、楽しさを追求する優雅な生活として描かれることが多い。ところが調査では、それとは正反対の実情があらわになった。男女ともに、収入が少なく、学力が低く、雇用が不安定であるほど独身が多い、という結果が出たのだ。つまり、多くの若者が、経済的困窮や生活への不安のため恋愛もできず、独身生活を余儀なくされているということだ。この研究報告書は、雇用機会を改善し、若者層の経済的な不安定さを解消することで、若者の恋愛離れを解決できると助言している。

変化する恋愛観、恋愛を「できない」のではなく「しない」

日本の若者が経済的困窮のせいで不本意ながら独身生活を余儀なくされている、との分析は、ある程度は納得できる。当面の生活が不安定なのに、恋人と交際し、愛をささやき合うような

＊6　「日本成人における草食化（異性間交際及び交際への関心の有無）の傾向及び関連する因子について～出生動向基本調査の分析、1987―2015年～」（東京大学大学院医学系研究科　国際保健学専攻国際保健政策学分野 上田ピーター等、二〇二〇）を参照した。

余裕があるだろうか？　ただ、雇用の不安定さが解消され経済的に余裕ができれば若者が再び恋愛戦線に復帰するだろうという楽観的な見方には、一〇〇パーセント同意することはできない。経済的な要因が大きな影響を及ぼしているのは確かだが、それだけでは説明のつかない側面もあるからだ。

実際、日本の多くの大学生が「恋人がいなくて残念だ」ではなく「恋人の必要性を感じない」と口にする。誰かと交際するための努力をするわけでもなく、その結果恋人がいないという事実に、特に不満もない。SNSには、いつでもどこでも関心事を共有する「デジタル人脈」が存在する。インターネットコミュニティで、気の合う仲間と親密に交流することもできる。たまに外に呼び出せるオフラインの友人がいれば申し分ないが、オンライン空間だけで活動していても、孤独を味わう時間はそう長くない。結果的に、恋人がいなくても孤独ではないし、恋愛をしなくても充分楽しく、忙しい。彼らの言い分としては、恋愛を「できない」のではなく「しない」のだ。

一方で、恋愛を面倒で厄介なものと考える傾向もある。相手と親密な関係を維持するには努力が必要だが、努力しようという気持ちにあまりならないというのだ。卒業論文を指導していたある学生は「彼氏ができたらダイエットもして化粧もしないといけないんだろうけど、そういうことには向いてないし力も使いたくない」と言っていた。「女は男のためにきれいでいなければならない」という前近代的な異性観を持っているのは意外だったが、写真を撮ることや旅行が好きな、溌剌とした活動的な性格を考えると、彼女の発言にも納得がいった。

彼女は学期中にせっせとアルバイトをしてお金を貯め、大学が休みに入ると、外国へ「出張写真撮影」の旅に出かけていた。そんな趣味をよく理解してくれる、あるいは一緒に楽しめる相手を見つけるのはそう簡単ではないだろう。最初は良い感情からスタートしても、恋愛をしていると、思ってもみなかった悩みが次々と出てくるものだ。自分なりのやり方で着実に幸福を追求している若者に対し、険しい恋愛の道を経験してみろと、わざわざ勧める理由があるだろうか？

実際、恋愛も、数多くの社会関係の一つに過ぎない。家族関係からは心理的な安定感を得て、友人関係からは社会的所属感を得る。社会的交流の幅が限られていた昔は、恋人関係が、他人と情緒的な親密感を築くことのできる貴重な機会だった。だが今はどうだろう？　オンライン空間で自分の好みや事情に合わせて人間関係を設計し、運営することができる。SNSで友だちと付き合い、オンラインコミュニティに悩みを相談し、一五秒間の短い映像クリップで世の中のことを知る。二人きりの排他的な関係から得られる相対的満足感は、昔ほど大きくはないはずだ。しかもコロナ禍の影響で、オフライン空間で会うことや社会的交流はさらに減った。パンデミックはいつか終わりを迎えるだろうが、この先も、恋愛の必要性がピンとこないという若者が、増えることはあっても減ることはなさそうだ。

若い世代が追求する幸福の本質

恋愛という極めてプライベートな事柄が社会的な関心事になった背景には、現代社会の根幹である結婚制度が脅かされているという危機感がある。十数年前に、六五歳以上の人口の割合が二一％を超える「超高齢社会」に突入した日本では、若者層の非婚や低出生率は深刻な問題と認識されている。韓国と同じく日本でも、結婚と出産を「セット」で考える傾向があるので、若者が恋愛に無関心である現状を懸念する声がおのずと出てくるのだ。

だが、恋人がいないからと生きる姿勢が無気力だと小言を言われ、結婚や出産をためらうからと無責任な大人だと後ろ指を差される謂《いわ》れはない。いかにして人生の伴侶を見つけ、幸福を追求していくかは、全的に個人の好みと選択に委ねられたプライベートな領域だからだ。このままでは社会が存続できないという既成世代の危機感もわからなくはないが、個人的なライフスタイルが自分と異なるからといって批判するのは不当だ。

日本の若者の直面している現実とは異なる点も多いが、韓国の若者も、恋愛を幸福や自己実現の必須条件と考えない傾向があるという点では同じだ。実際、低出生率による急激な人口減少の危機は、日本より韓国のほうが深刻だ。結婚や出産を阻む壁を低くすることを目標とした政策も、次々と打ち出されている。そういう政策そのものを問題視するつもりはない。持続可能な社会の実現を目指すのは既成世代の任務だからだ。ただし、そういう政策が単に結婚率や出生率を上げることだけに終始していてはならない、との問題意識も存在する。経済的困難のせいで結婚が「できない」という厳しい現実を、力を合わせて解決していくべきだという点には疑いの余地がない。

だが、そうかといって、結婚や出産を「しない」という人たちを問題視するのは望ましくない。さまざまな生き方があることを認め、誰もが幸福を追求できる社会を作ることが重要なのだ。子どもを産み育てやすい社会を作ることと同じくらい、結婚だけが恋愛のゴールではない社会、出産が結婚の条件とされない社会を作ることも重要だ。

日本の若者たちはなぜ消費を避けるのか？
――「ゼロの消費文化」を追求する新しい流れ

日本の若者たちは消費に消極的だ。自動車や高価なブランド品を買いたいという気持ちもなく、おいしい店を食べ歩く外食にもそれほど熱心ではない。かつてサラリーマンの夢だった海外旅行にもあまり関心がなく、一九八〇年代末から九〇年代初めの「バブル時代」を象徴する、節度のない無謀な飲酒文化にはむしろ批判的だ。実際に消費統計を見ると、若者層の自動車保有率は減少傾向にある。ブランド品や海外旅行のような奢侈《しゃし》的消費もあまり好まれない。

大学生たちと話をしてみると、趣味として自動車に情熱を注ぐマニアはいても、いつか必ず車を買いたいという若者は稀だ。レンタカーを利用すればいいじゃないか、わざわざ自分の車を買う必要があるのか、という意見が勝っている。実際、日本で自家用車を維持するにはかなりお金がかかる。マンションやアパートなどの共同住宅でも、毎月数万円もする駐車場代を払わなければならないし、車検の費用や自動車税も韓国よりはるかに高い。それでも昔は、自己満足や自己顕示のために「マイカー」を購入する若者が少なくなかったというので、より高価なもの、より良いものを消費したいという欲望が、日本の高度経済成長を牽引してきた底力であるとも言えるだろう。

車離れ、アルコール離れ、海外旅行離れ

バブル時代を実際に経験した世代から話を聞くと、当時日本社会に広まっていた誇示的消費文化は、想像を超えるレベルだ。一九九〇年代初めには、平凡な大学生カップルがクリスマスイブのデートのために使った費用が、少なくとも約二〇万円にも上る大金だったという。おしゃれなレストランで高価なシャンパンとともにディナーを楽しみ、最高級ホテルのスイートルームで一夜を過ごすことが、互いの愛を確かめ合う方法だったというのだ。また大企業では、団体研修会という名のもと、従業員のみならずそれぞれの家族まで引き連れて温泉付き高級旅館へと繰り出していた。従業員の親睦を図るという名目だったが、実際には従業員の家族もひ

っくるめて豪勢な宴会を楽しむという、極めて消費的な慣行だった。

バブル時代のような誇示的消費はかなり衰えたものの、昔も今も、日本経済を支えてきたのは活発な消費活動だ。そのため、日本の若者の消費意欲が落ち込んでいることを心配する向きも多い。若者たちのいわゆる「離れ」現象はしばしば取り沙汰される。自動車を買わない「車離れ」や、酒を飲まない「アルコール離れ」、外の世界に目を向けない「海外旅行離れ」といった言葉には、若者たちの消極的な消費に対する懸念が如実に表れている。日本の既成世代にとって積極的な消費活動は、より良い暮らしのために努力するチャレンジ精神を意味していた。彼らの目には、消費しない最近の若者の態度が無気力であるように映るのだ。

今の時代精神に合ったあっさりした消費

日本の若者たちはなぜ消費しないのだろうか？　誰でも簡単に思いつく答えは「お金がないから」だろう。高級車や高価なブランド品を買ってはみたいけれど、そんな余裕がない、というものだ。実際に、若者層の控えめな消費について、長引く不況やデフレによる萎縮効果だと分析する意見は以前からあった。だが、この経済的仮説は意外と根拠が薄い。

長引く不況により良質の働き口が減ったのは事実で、結果的に日本の若者たちのお財布事情はあまり良くはない。だが、彼らの財布が軽いのは昨日今日に始まったことではない。社会経験の少ない若者たちは、どの社会においても必然的に相対的貧困層に属しやすい。最近の若者はお金がないから消費しない、という主張が成立するためには、昔の若者より今の若者のほうが自由に使えるお金が少ない、ということが証明されなければならない。

　ところが、統計の指標は正反対の状況を示している。最近の若者の可処分所得は昔より増加しているのだ。働く女性が増えたことに加え、独身を選んだり遅く結婚したりする傾向が顕著になり、男女問わず、好きなようにお金を使う「生活自由度」も高まったという調査結果が出ている。[*7] 最近の日本の若者は「お金がないから消費しない」という仮説は説得力に欠ける。

　次に思いつく答えは「未来が悲観的なので消費より貯蓄を選ぶ」という、心理的観点からの説明だ。この先もっと生活が厳しくなるだろうとの悲観的な展望から、若者たちが、当面何かを消費する代わりに蓄えに回すという保守的な選択をしている、というものだ。実際に、日本の二〇代たちとの酒の席で「宝くじが当たって急に大金が転がり込んだら何をするか？」という話題になったことがある。新しい事業にチャレンジするとか、自分の店を開くといった勇ましい話が出てくるかと思いきや、みんな口を揃えて「銀行に貯金して、生活費としてちょっとずつ使う」という、拍子抜けするような答えが返ってきた。

　彼らの選択が消極的な消費活動であるという点には異論はない。だが、不安定なグローバル経済や頻発する自然災害、地球規模のパンデミック危機など、激変する時代をともに生きる者としては充分に共感できる生活戦略でもある。ある意味、バブル時代の若者たちが自動車や高価ブランド品を購入するなど羽振りを利かせられたのは、世の中はもっと良くなるという楽観的な見方が広まっている時代だったからだ。当時、日本経済が成長街道をひた走っていたからこそ、若者たちもチャレンジ精神を発揮することができた。そういう点に注目すると、バブル時代のように誇示的消費をしない今の若者を「チャレンジ精神がない」とけなすのは妥当でないことがわかる。

ある意味、日本の多くの若者が選択している実用的であっさりした消費のほうが、今の時代精神にはよく合っている。若者が新車を購入しないのは、カッコいい車を乗り回したいという覇気がないからではない。必要に応じてレンタカーを活用するほうが合理的で環境にもやさしいと考えるからだ。ブランド品を買うことに大きな魅力を感じないのは、ブランドよりも自分の個性のほうが大事だと考えるからだ。外食にわざわざ高いお金を出そうとしないのは、半調理食品を活用すれば家でも立派な食事ができるからだ。周りの雰囲気に流されやすい飲み会に行くよりも、スイーツを家で一人楽しむほうが幸せだ。インターネットで世界じゅうの「斬新な」情報に常に触れているので、外国に対する好奇心や憧れも薄れた。既成世代にはチャレンジ精神に欠けるように映るかもしれないが、若者たちの選択は、彼らなりの文化的価値を追求する消費戦略なのだ。

＊7　日本の総務省「全国消費実態調査」の結果（http://www.stat.go.jp/data/zensho/2014/index.htm）を参照した。

精神的、文化的価値を追求する「ゼロの消費文化」

日本のある社会学者は、若者層のそうした消費戦略を「ゼロの消費文化」と名づけた。[*8] 物質的な豊かさを追求していた既成世代とは違い、最近の若者は消費を通して精神的、文化的価値（たとえば、自然環境との親和、菜食主義など）を追求する傾向がある。誇示的消費に批判的で、また、状況に応じて消費を放棄する「反消費主義的」な姿勢も出てきており、そうした傾向も時代性を反映した一種の消費文化だというのだ。既成世代の旺盛な消費欲求をテコに成長した企業の立場からすると、若者層の新しい消費戦略が喜ばしいはずがない。実際に、若者の消費を問題視する論調は、自動車メーカーや大手流通業者の苦境に焦点が当てられてきた。

だが、見方を変えれば、若者の消極的な消費の傾向は、気候変動や環境破壊など今の時代の当面の問題を意識した積極的な行動戦略であるとも解釈できる。若者たちの控えめな消費行動の中から、以前とは異なる文化的価値が芽生え、すくすくと育っているとも言えるだろう。

ある意味、「消費は美徳」という考え方は、高度成長やバブルの時代を経る中で作られた固定観念に過ぎない。人生経験が豊富だからといって既成世代の観点が常に正しいとは限らない。むしろ、経験の中で凝り固まった観念は、ありのままの実情を隠す障害物となってしまう。古い時代の固定観念を取り払わない限り、若者の新しい消費スタイルや戦略をきちんと把握し、評価することはできない。韓国社会にとっても反面教師となる教訓だ。

中高年になったひきこもり
――日本がひと足先に経験している高齢社会問題を反面教師に

日本では、社会とのあいだに壁を作り、部屋から出てこない人を「ひきこもり」と呼ぶ。同居する家族以外には社会的な接触がない。学校にも行かず、職も持とうとしないため、自力では生きていくのが難しい人たちだ。登校を拒否する一〇代を指す言葉として一九八〇年代に初めて登場し、一九九〇年代以降は、学校や職場、社会的交流を一切拒否する人たちを幅広く指す言葉として定着した。

日本政府は、社会活動をせず六カ月以上続けて自宅にひきこもっている状態をひきこもりと定義しており、二〇二〇年の発表によると、一二〇万人以上存在すると推定される。ただし、家から一歩も出ようとしない「重症」から、近所のコンビニに行く程度の外出はする「軽症」、また、一時は安定した職場に通っていたがいつしか外出を避けるようになった「社会的不適応者」まで、さまざまなパターンがあるので、実際には政府の推定値をはるかに上回るひきこも

＊8　『21世紀の消費――無謀、絶望、そして希望』（間々田孝夫、ミネルヴァ書房、二〇一六）を参照した。

りが存在すると言っても差し支えないだろう。
そうしたひきこもりの世話をするのはたいてい親の役目だ。社会人としての役割を放棄したからといって親が子を見捨てるわけにいかないので、衣食住の面倒を見つつ、みずから部屋から出てくるのを待つのだ。

日本社会の長期不況の中で大きくなったひきこもり問題

ひきこもりになる理由はさまざまだ。本人の性格や精神病理的な問題、家族関係における葛藤などが影響を及ぼした可能性もあるが、日本社会の変化とも無関係ではない。日本でひきこもりが急増した一九九〇年代中盤以降は、突然の「バブル崩壊」のあと就職市場が急速に冷え込んだ時期だ。多くの若者が、社会への第一歩を踏み出す大事な時期に挫折を経験し、そのうちの相当数が社会的に孤立した状態でひきこもりの身となったのだ。

一方、高度経済成長を経てかなりの財産を蓄えた親の世代は、社会適応に問題を抱えるわが子を喜んで養った。ひきこもり当事者よりも、わが子を全面的に庇護する、親の偏った愛情のほうが問題だったという見方も一部にはある。自力で試練を乗り越えさせていたら、社会生活ができるくらいの自信もついていたのではないかというのだ。

幸いなことに日本社会では、ひきこもり問題は個人や家族が背負うべき単純な問題ではないと認識されている。ひきこもり当事者の社会的自立を手助けし、家族の構成員が孤立しないよう支援するNGO団体が、一九九〇年代末の発足以来活動を続けている。政府も「ひきこもり支援センター」の運営などに取り組み、二〇二一年には、高齢者の保護や孤独死防止などを目標とする「孤独・孤立対策担当室」を内閣官房の傘下に新設した（現在は、内閣府の孤独・孤立対策推進室）。コロナ禍で在宅勤務や外出自粛が長期化し、個人の社会的孤立や孤独感が一層深刻な社会問題になっている、との認識によるものだ。

だが、ひきこもりの数がそう簡単に減るようには思えない。社会的要因や個人の性向、家族関係の特徴など、複数の要因が複雑に絡み合っている現象なので、社会制度だけでは解決が困難なケースも多い。

中高年になったひきこもり――「八〇五〇問題」から「九〇六〇問題」へ

時が流れ、ひきこもり問題は新たな局面を迎えている。ひきこもりは若い世代の問題だという従来の認識とは違い、少なくない数の中高年層が社会不適応の問題を抱えているとの事実が確認されたのだ。二〇二一年に発表された日本政府の推定値によると、四〇～六四歳の中高年層のひきこもり人口は約六一万人で、一五～三九歳の青年層（約五四万人）を上回っていた。ひきこもりの高齢化に対する懸念は、これまでもずっと提起されてきた。そこで今回初めて、四〇代以上の人口集団もひきこもりの実態調査に含めてみたところ、案の定、衝撃的な結果が出たというわけだ。

中高年層のひきこもりの中には、若いときからひきこもってそのまま歳をとったケースもあるが、社会生活を送る中で職場や人間関係、病気などで困難にぶつかり社会に適応できなくなるケースもあった。一般的に中高年層といえば、経済的にも社会的にも、もっとも豊かな生活を楽しめる「人生の全盛期」にある世代だ。だが、自分で生計を立てられない四〇代、五〇代のひきこもりは、ただ親の支援に依存するしかない。

問題は、彼らの親も社会的介護が必要な高齢者であるという点だ。高齢になっても中高年のわが子の衣食住を提供し、面倒を見つづけるだけの経済的、体力的、精神的余力を保つのは容易なことではない。八〇代の親が五〇代のひきこもりのわが子の世話をするという気の毒な状況を端的に表した「八〇五〇問題」なる言葉も登場している。さらには、九〇代の親が六〇代のひきこもりのわが子の面倒を見る「九〇六〇問題」の心配をしなければならない、との声まで出ている。

二〇一九年には、七〇代の男性が自宅で四〇代の長男を殺害したのち自首するという痛ましい事件があった。この男性は名門大学卒業後、政府の中心的な部署で長年働き、次官級の高位職にまでついた、いわば社会的指導層にある人物だった。長男は、家から一歩も出ない重症ではないものの、一〇年近くこれといった社会生活をしていないひきこもり状態だった。学業と仕事で何度か挫折を経験したあと親の経済的援助に頼って生きていたが、たびたび暴力的な言動を見せるようになった。激高するその様子に耐えきれなくなった父親が「人に危害を加える前に自分がなんとかしなければ」との思いで、わが子に手をかけたのだ。日本社会が直面している「八〇五〇問題」の悲惨さを浮き彫りにした事件だった。

どんな理由があったとしても、息子を殺害した父親の愚かな選択を理解することはできない。だが、ひきこもりの家族も、耐えがたいほどの心理的、精神的苦痛を味わっているという点を見過ごしてはならないだろう。

超高齢社会をひと足先に経験している日本

こうした問題は日本に限ったものではないようだ。韓国でも、ひきこもりに似た「隠遁型ひとりぼっち」が増えている。日本のひきこもりと韓国の隠遁型ひとりぼっちが同じ現象だという意味ではない。社会的な接触を拒む生き方や理由はさまざまで、それを誘発する社会的背景も異なる。表に現れている現象が似ているからといって、同じ理由や背景に端を発していると安易に判断できるような事案ではない。実際、みずから孤立した生活を選ぶ人は、いつの時代にも、どこにでもいる。人気テレビ番組〔人里離れた山奥などで暮らす人物を訪ねる「私は自然人だ」というテレビ番組〕に登場する「自然人」たちも、自分自身に集中するために社会的交流を拒み、隠遁生活を選択していたではないか。歴史的な偉人の中にも、社会に適応できず、みずから孤立した生活をしていた人は少なくない。

だが、韓国や日本のように高度に発展した資本主義社会では、日本のひきこもりも韓国の隠遁型ひとりぼっちも、「回りつづける経済の歯車や教育システムから脱落した不適応者」として認識されるという共通点がある。特に韓国では、隠遁型ひとりぼっちを一部の若者層に限った問題と捉えがちだが、日本社会の中高年のひきこもり問題を反面教師とする必要があるだろう。

日本は高齢人口の割合が世界でもっとも高い国だ。それゆえ、高齢化がまさに進行中の他国では見られない社会問題が、ひと足先に現れる傾向がある。日本の「八〇五〇問題」も、社会不適応者の高齢化がこの先深刻な社会問題になり得るというサインとして受け止められている。現在、韓国社会では、日本より速いペースで高齢化が進んでいると言われる。このままでいくと、十数年後には日本よりも高齢人口の割合が高くなるという。そうなったとき韓国は、世界に先駆けて未知の社会問題に直面することになるかもしれない。先頭に立つのが必ずしも良いとは限らない、との思いが浮かぶ。

アトムからペッパーまで、ヒューマノイドロボットと日本社会
――科学技術と想像力

二〇二二年の韓国第二〇代大統領選挙のキャンペーンのさなか、ある候補者がロボット展示会を見学中に四足歩行ロボットを押し倒すという一幕があり、問題となった。複数のメディア

が「虐待」という刺激的な言葉まで持ち出して「ロボットを乱暴に扱った」と候補者の態度を批判し、一部の知識人たちがそれに加勢して騒ぎを大きくした。

デジタルメディアの研究分野においても、ロボットは、盛んに議論されているキーワードだ。人間と意思疎通し情報をやり取りするインターフェースという点では、ロボットもメディアである。かつて電気メディアやインターネットが社会を大きく変化させたように、ロボットというメディアが人類の歴史の劇的な転換点になる可能性は高い。デジタル人文学的な観点で見ると「ロボットの虐待」騒動は、社会がいかにロボット関連の問題に無理解であるかを浮き彫りにした例であり、おのずとため息が出た。

「ロボット暴行事件」なのか、器物損壊罪なのか？

日本でも、人間がロボットに暴行を加えた事件が話題になったことがある。ソフトバンクが開発した量産型ヒューマノイド（人型ロボット）「ペッパー」をめぐるハプニングだ。

ペッパーは、独自の感情アルゴリズムが搭載された、人間と情緒的な交流が可能なロボットで、二〇一四年に日本で一般発売された。本体価格は一九万八〇〇〇円と、家電製品としては安くはないが、最先端ロボットにしてはリーズナブルだ。個人用としては用途が限られていて普及しなかったが、店舗での簡単な接客や対応にペッパーを活用しているケースはときどき見かけた。

ハプニングは二〇一五年、ある携帯電話ショップで起こった。酒に酔った客が従業員と言い争いになり、腹いせにペッパーを蹴ったのだ。当初は「ロボット暴行事件」として報じられたが、現行犯で逮捕された容疑者の罪名は器物損壊罪だった。ロボットは人間ではないので暴行罪が成立しないということだ。蹴り倒されたペッパーは外部刺激に対する反応が鈍くなるなどの問題はあったが、すぐに業務に復帰したという。

ペッパーは人間の感情を理解し情緒的に反応できるロボットということで、この事件はとりわけ世間の関心を集めた。感情を持つロボットに人間が暴力を振るったという点で、人間とロボットが共存する未来社会の倫理的論争を予告する出来事として受け止められた。

ロボットにも感情や気分があるとしたら、どの程度まで「人間的」な扱いをすべきなのか？人間のような情緒を持つロボットをめぐっては、倫理的な論争が存在するのは事実だ。だが、情緒的な機能のない、四足歩行が主機能であるロボットの完成度を確かめようと倒しただけの行為を「虐待」と捻じ曲げたメディアの無知には失笑が漏れる。この件には、人間とヒューマノイドの情緒的なつながりを云々する余地がまったくないからだ。専門的な事案を恣意的に捻じ曲げる報道は、健全な議論を妨げ、結果的に社会的費用を増大させるだけだ。こうした事案をそのまま政争に持ち込むような無責任なメディアには耳を貸すなと助言したい。ただ、おかげで「日本社会とロボット」というテーマを紹介するきっかけができたのは事実なので、でたらめなメディアの報道もプラスの役割をすることが時にはある、とでも言うべきか？

ヒューマノイドに対する日本社会の想像力

日本社会においてロボットは、以前から特別な存在感を放っていた。ヒューマノイドを開発するための地道な努力が続けられ、少なからぬ成果もあった。二〇〇〇年には、世界で初めて二足歩行するロボット「アシモ」が商用化された。先に紹介したペッパーは、情緒的共感能力と学習能力を備えた先駆的なヒューマノイドだ。ロボットが対応する無人宿泊施設「変なホテル」もある。二〇二〇年には、ロボット僧侶「ロボウ」が人間と禅問答をする場面が話題を集めた。

開発の試みがいつも成功につながっていたわけではない。アシモはサッカーもするし楽器も演奏できるが、実生活での使い道がほとんどないため、商用モデルとしては利益を上げられなかった。ペッパーと何度か対話したことがあるが、話がプップツ途切れてしまい、スマートフォンの音声認識サービスを使うほうがマシだと感じるほどだった。「変なホテル」も利用してみたが、ロボットだけでは対応できないことが多く、従業員が常駐していた。

ただ、そういう失敗も、ヒューマノイド技術の社会的効用を検証するための貴重な機会であるのは間違いない。特に、社会が高齢化するほど重要となる医療や看護、防災などの分野においてヒューマノイドの活躍が期待される。それらの分野に関しては、日本社会に蓄積されている豊富な経験とノウハウを無視することはできないだろう。

日本の伝説的な漫画家、手塚治虫が一九五〇年代に発表した漫画『鉄腕アトム』の主人公は、ヒューマノイドの「アトム」だ。アトムは正義感にあふれ、善悪の区別もつくが、ロボットというみずからのアイデンティティへの悩みも多く、心の葛藤もある。人形のように愛らしい姿で、人間的な面も少なからず持ち合わせているため、誰もが親しみを覚える非常に特別なロボットだ。多くの子どもたちに愛されているキャラクター「ドラえもん」も、ぽっちゃりした猫型ロボットだ。未来からタイムマシンに乗ってやってきたドラえもんは、主人公がピンチに陥るたびに奇抜な方法で助けてやる。「ガンダム」「マジンガーZ」「エヴァンゲリオン」など、人間が操縦する戦闘型ヒューマノイドのキャラクターも長く愛されている。

日本のSFジャンルにおいてロボットは、一言で言うと「いいヤツたち」として描かれている。人間を助け、人類を救い、愛らしく、親しみやすく、いつもそばにいてほしい友だちのような存在だ。実際に、日本の多くのロボット研究者は、アトムやドラえもんに憧れてロボットの分野に飛び込んだという。日本でヒューマノイド技術がめざましい発展を遂げた背景には、良くも悪くも、SF漫画やアニメなど大衆文化のジャンルで育まれてきた想像力の影響があったことは否定できない。

「科学技術立国」の夢、ロボット

日本の「ロボットは友だち」という楽観的な「ロボット観」は、西洋社会では異質なものとして受け止められる。西洋的な考え方では、ロボットが物語の主人公にもなれば人間を救う主体にもなるという日本の漫画やアニメの世界観は、ひどく馴染みのないものに感じられるのだ。「人間は神の創造物」というキリスト教的世界観とも関連があるのだろう。基本的に、人間でない存在への根深い拒否感が存在するため、人間に似ているが人間ではないヒューマノイドへの抵抗は大きい。ロボットに対するイメージも、親近感というより、むしろ恐怖に近い。現に、ハリウッドで制作された多くのＳＦ映画では、ロボットは高い確率で危険な存在として描かれている。

そのため、「万物に魂が宿っている」とする日本の伝統的な宗教観は昔からヒューマノイドという概念を宿していた、との独特の分析をする人もいる。神秘主義的な観点で東洋社会を解釈しがちな西洋の考え方からすると、そう思えるのかもしれない。だが、それよりは、近代以降の日本社会の歩みの中に、ロボットへの関心が格段に高まっていく理由があったと私は考える。

一九世紀末の明治維新以降、日本社会は持続的に「科学技術立国」を唱えてきた。実際に科学技術の飛躍的な発展を遂げたところまではよかったが、間違った方向へと進み、ついには戦争を引き起こした。日本が、アメリカやイギリスなど先進国からなる連合軍との戦いで簡単には退かなかったのは、独自に開発した戦闘機や兵器製造技術、無線レーダー技術などの力が大きかった。科学技術の力を借りて起こした戦争だったが、結局、原子爆弾という、最先端の科学技術が生み出した兵器によって敗戦を迎えたのだ。

一方、敗戦後いち早く国を再建できたのも科学技術の力のおかげだった。研究開発に丁寧に取り組んだ日本の最先端の製造業が、一九六〇年代の高度経済成長を牽引したのだ。そういう点から見ると、日本では科学技術分野への社会的関心は一貫して高かったと言える。そのような社会の雰囲気の中、漫画やアニメなどのSFジャンルも、存分に想像力を膨らませることができた。日本社会においてロボットは「科学技術立国」の夢を実現する象徴的な存在だったのだ。

◆日本社会、オリンピックとの悪縁

グローバルパンデミックの中で強行された東京オリンピック

グローバルパンデミックという暗礁に乗り上げ、二〇二〇年東京オリンピック（開催が一年延期されても、正式名称は「二〇二〇年東京オリンピック」が維持された）は二〇二一年に開催された。一年延期された開幕日が目前に迫った時点でも、日本のコロナ禍は悪化の一途をたどっていた。しばらく落ち着いていた感染者数が再び増加しはじめ、その数は連日数千人にも上り、開催延期を決めたころよりも状況は悪くなっていた。ワクチンの供給も始まってはいたが、人口あたりの接種率はなかなか上がらず、集団免疫に達するのは相当先になると予想された。事態が思わしくなかったのは日本だけではない。先制的にワクチン接種を開始した一部を除くほとんどの国が、国際行事に選手団を派遣できるような状態ではなかった。世界じゅうがグローバルパンデミックの長いトンネルの中で苦しんでいる状況でオリンピックが成功裏に開催されたとしたら、むしろそのほうがおかしいと感じられるほどだった。

世界規模の大型イベントを一度延期したことだけでも、開催国の経済的、政治的負担は相当なものだ。オリンピックスタジアムや選手村を新築したのが無駄になるかもしれないし、オリンピック特需を狙って続々とできた宿泊や観光の施設も無用の長物になりかねない。有力な保守政治家が「呪われたオリンピック」と表現したほどなので、開催したとしても、中途半端な大会だったとの酷評は避けられない。政治的負担を甘んじて受け入れ、中止を宣言すれば、むしろ被害を最小限に抑えられたかもしれないが、それだけのリーダーシップもなかった。結局、「二〇二〇年東京オリンピック」は強行されたが、「失敗したオリンピック」の汚名は拭えないだろう。日本が夏季オリンピックを誘致したのはこれが三度目だ。その中で「成功したオリンピック」と言えるのは一度だけだ。

一度の「消えたオリンピック」、一度の「成功したオリンピック」

日本には、オリンピック開催権をみずから返上した不名誉な歴史がある。一九三一年、日本軍が満州地域に武力で侵攻し、のちに傀儡《かいらい》政府を打ち立てることになる、いわゆる「満州事変」の直後、日本政府は、西洋人の独擅場だったオリンピックを東京に誘致するという意思を公にした。アジアで初となる大規模な国際大会の開催という野心満々の計画だった。加えて、満州事変により悪化した国際世論を鎮めようという外交的な意味合いもあった。一九三六年、国際オリンピック委員会（IOC）総会で、一九四〇年東京夏季オリンピックの開催が決定した。夏季大会開催国は冬季大会開催地の決定において優先権を有する、という当時の慣行に従って、同年の冬季オリンピックは札幌で開催することとなった。

だが、メインスタジアムの予定地が東京郊外に決まり、サブトラック建設の準備も進んでいた一九三七年、日中戦争の勃発により状況は急変する。複雑に絡み合う列強国の対立の中で、イギリスやアメリカなどが東京オリンピックへの参加をボイコットし、さらにはIOCが日本政府に開催権の返上を求めるという事態にまで発展したのだ。戦争物資の需要が急増する中、日本国内からも、オリンピックの準備に必要な資源が足りないという不満の声が上がっていた。

一九三八年、日本政府は、夏季オリンピックと冬季オリンピックの開催権を順に返上した。東京と競っていたフィンランドのヘルシンキが開催権を引き継いだものの、第二次世界大戦の勃発（一九三九）により、それすらも危ぶまれた。一九四〇年、オリンピックは世界のどの都市でも開催されなかった。

それに先立ち、ヨーロッパ大陸に戦雲がたちこめる中で開催された一九三六年ベルリンオリンピックは、ドイツの執権勢力だったナチ党がプロパガンダのためにスポーツイベントを悪用した、最初にして最悪の例だ。たとえば、古代オリンピック発祥の地であるギリシャのオリンピアで採火した聖火を、盛大な街頭パレードを繰り広げながら運ぶ慣行は、ベルリンオリンピックの際に初めて登場した。当時ナチ党を率いていたヒトラーは、オリンピックが、ドイツ民族の優秀さを全世界に知らしめる絶好のチャンスだと考えた。聖火パレードは、ゲルマン民族がヨーロッパ文明の伝統を受け継いでいることを大々的に可視化するイベントとして企画された。

実は一九四〇年東京オリンピックも、準備段階から、それに劣らぬ好戦的な意図が見え隠れしていた。ギリシャから日本列島への聖火の運搬に最先端技術を積極的に活用することで、軍事的優越性を他国に見せつけようとしたのだ。当時の運搬技術では、ヨーロッパで採火した聖火を数千キロも離れた遠い島国へと運ぶのは、けっして容易なことではなかった。当初IOCは、アラビア半島から中国内陸や朝鮮半島を経由する、陸路での運搬を提案していた。だが、植民地主義の略奪や戦争による騒乱の絶えないそれらの地域を通過するのは、事実上不可能だった。そこで日本政府は、軍艦を活用して海路で運搬する案、または日本製の戦闘機（のちに「神風号」と呼ばれるようになる最新型偵察機）に聖火を積んで南アジアを横断する案などを積極的に検討した。もし、一九四〇年東京オリンピックが開催されていたら、日本帝国主義の傲慢な暴走はどこまで加速していただろうか。考えただけでもゾッとする。

戦争の暗い影に覆われ水泡に帰した一九四〇年のオリンピックとは対照的に、一九六四年東京オリンピックは「成功したオリンピック」だった。開催権の返上を経て、苦労して再び誘致したという意味でも格別だったが、敗戦後、再起をかけて奮闘してきた日本社会が、対外的にも対内的にも自信を取り戻す重要な契機となった。

ベルリンオリンピックで初めてスポーツ競技をテレビで中継する実験がおこなわれ、一九六四年東京オリンピックでは、人工衛星で電波を送出し、地球の裏側へもリアルタイムで映像を送る生中継が初めて実現した。今ではスポーツ中継に欠かせない「スローモーション」も、このとき初めて登場した。また、最先端の時計やコンピューターを利用した、リアルタイムでの記録管理も可能となった。それ以前は、競技記録をその場で確認・電送できる技術がなかったため、競技の結果がオリンピック公式記録として確定するまで数カ月もかかっていた。

東京オリンピックではさまざまな競技の生中継が可能となっただけでなく、競技記録をリアルタイムで発表できるようになり、ようやくスポーツ中継の技術的な基礎が整ったと言っても過言ではない。オリンピックを境に、テレビの世帯普及率も二三・六%（一九五九）から九〇%（一九六五）へと急増した。ある意味、一九六四年東京オリンピックの最大の恩恵を受けたのはマスメディアだった。

「メディア・イベント」というオリンピックの素顔を直視する必要

　戦争への欲望をむき出しに推進された一九四〇年東京オリンピックは、まさにその戦争のせいで水の泡と消えた。かたや一九六四年東京オリンピックは、マスメディアと資本が強力な協力者の役割を果たし、「世紀の感動」を与えたイベントとして記憶されている。一方で、二〇二〇年東京オリンピックは、開催の可否は別にして、人命と引き換えに国家主義を推進したとの批判は免れない。日本社会は一度の「消えたオリンピック」、一度の「成功したオリンピック」を経験し、二〇二一年にはさらに、一度の「失敗したオリンピック」を経験した。そこから何を学び、省察するのか？　日本社会の大きな宿題だ。

　一方、近代オリンピックが、みずから権力と資本の忠実な僕《しもべ》となって大型化してきたのは事実だ。国家権力と資本の利益のために企画された一種の「メディア・イベント」であるという点を無視することはできないだろう。スポーツを愛し、楽しむ大勢の人たちの情熱とはかけ離れているが、これもまたオリンピックのもう一つの顔だ。この本質を直視することは、メディア・イベントの氾濫する時代を生きるわれわれみんなの課題なのかもしれない。

第2章

11のキーワードで見る日本文化

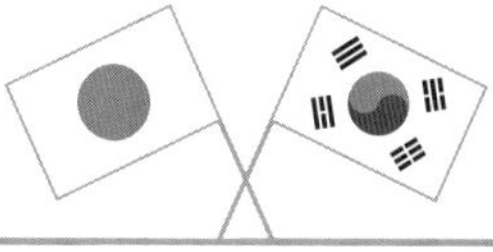

所属意識を通して自己実現を追求する集団主義文化

——あらためて読む『菊と刀』

アメリカの文化人類学者ルース・ベネディクトの著書『菊と刀』（一九四六）は、おそらく世界でもっとも多く読まれた日本文化の研究書だろう。学問的には不十分な点もあるが、西洋人の目に映った日本文化の特徴を深く読み解いた力作であるのは間違いない。冒頭の書き出しはこうだ。

「日本人はアメリカがこれまで国をあげて戦った敵の中で、最も気心の知れない敵であった」

日本人を「気心の知れない敵」と描写した冒頭の文章が暗示しているように、この本は一九四〇年代、アメリカと日本が戦った太平洋戦争のさなかに書かれた。当時ベネディクトはアメリカ政府の依頼で日本文化に関する研究をしていたのだが、戦時中ゆえ日本を実際に訪問して調査する術《すべ》がなかった。自分の目で日本社会を観察する機会はなかったが、その代わり、膨大な量の日本関連の資料を検討し、アメリカで出会った日本人と時間をかけて討論した。

太平洋戦争は一九四五年、広島と長崎に原子爆弾が投下されたあと、ようやく終結した。民間人の死傷者を含め、アメリカも日本も筆舌に尽くしがたい被害を受けた。実際、アメリカの立場としては、とっくに終わっているはずの戦争だった。ミッドウェー海戦で早々と勝機をつかみ、何度も日本に致命的な被害を負わせた。ところが、戦争を続ける余力は残っていないにもかかわらず、日本軍はなかなか降伏しなかった。そういう日本軍の態度に米軍は大いに戸惑った。

西洋社会の「プロトコル」が通用しなかった日本との戦争

戦争も、一種の「プロトコル」（通信規約）が存在するコミュニケーションの一形態だ。暴力や力比べという非文明的な手段に頼る、自己破壊的かつ幼稚な方法ではあるが。戦争の暗黙のプロトコルは、相手に致命傷を負わせれば降伏を引き出せるということ。戦う目的が自己破壊でない以上、どちらのほうが強いか明白になった時点で、不必要な被害を出さないようにするのがお互いのためだからだ。

ところが日本との戦争では、その暗黙の前提がことごとく覆された。おびただしい数の日本の兵士が命を落とし、首都東京が火の海と化しているにもかかわらず、日本軍は降伏しなかった。むしろ負けが込むにつれ、「世界の笑い物になってはならない。精神力で危機を乗り越えよう」というプロパガンダが一層国民の支持を得た。当時の日本政府がプロパガンダを操るのに長《た》けていたとはいえ、名分なき戦争に対する日本人の盲目的な支持は不可思議だった。

米軍に生け捕りにされた日本軍の兵士たちは、捕虜となって辱めを受けるくらいなら死んだほうがマシだと命を絶った。熾烈な戦闘をくぐり抜け九死に一生を得たというのに、みずから命を絶つなんて、それだけでも充分に不思議なことだった。だが、それよりもっと理解に苦しんだのは、あれほど激しく抵抗していたはずの日本軍兵士が、投降後はあっさり転向を選択し、一時はそれに命を捧げる覚悟で戦っていたはずの自国軍の情報を洗いざらい提供したという点だ。「私を殺しなさい。もしそれができないというなら、『模範的な捕虜』になりましょう」という日本軍兵士の提案に、米軍は面食らった。そういう状況の中、日本人の行動を解明せよという研究課題が文化人類学者に伝えられたのだった。研究結果の集大成である『菊と刀』がアメリカで最初に刊行されたのは、戦争が終わった直後の一九四六年だった。

集団に対する忠誠心は恥ずかしくない人生の必須条件

『菊と刀』には、戦時に米軍を混乱に陥れた日本軍の態度は、東洋的な価値観に基づく文化的行動様式であると説明されている。個人の幸福より集団の利益を優先する日本の集団主義的文化が、名分なき戦争に対する無条件の受容を後押ししたというのだ。日本文化を理解するうえで「集団主義」というフレームがあながち間違っているとは思わないが、日本文化を間近で観察した経験からすると、微妙なニュアンスの違いがあるように思う。

一般的に集団主義への順応とは、個人を捨て集団のために犠牲になることを強いる外部の力に、喜んで応じる態度を指す。個々人の幸福の追求を重要な価値とする市民社会的な観点からすると、集団主義は望ましいものではない。外的動機によって個人に利他的な犠牲を強いるのは、抑圧的なことだからだ。

ところが日本社会では、集団主義が内的動機によって作動する側面がある。その文化では、集団に対する忠誠心そのものが、恥ずかしくない人生の必須条件と受け止められているからだ。つまり忠誠心とは、国のためを思う心でもあるが、また一方では、恥じることなく生きたいという、自分のためを思う心であるとも解釈できる。『菊と刀』は、日本文化の根底をなす情緒は羞恥心であると分析している。言い換えれば、人に恥じることのない堂々とした人生を生きたいという利己的で自己満足的な動機こそが、日本の集団主義を強める力と言えるだろう。

そういう観点で見ると、天皇陛下に忠誠を誓っていた日本の兵士たちが意外とあっさり米軍に投降した理由も理解できる。主君への誓いを果たせないのなら命を絶つのが道理だが、忠誠を誓う別の対象を見つけるというのも一つの手だ。そもそも重要なのは、忠誠を誓う対象ではなく、忠誠を実践する自分自身の誠実さだからだ。内的動機を満たせるのであれば、忠誠の対象が変わることも快く受け入れる。米軍の目には、手のひらを返したような日本人捕虜の転向が、とんでもない裏切り行為に見えたはずだ。だが、もはや日本に尽くすことのできなくなった兵士たちにとっては、米軍という新たな集団に忠誠を誓うことこそが、恥ずかしくない人生を維持できる唯一の道だったのだろう。一口に忠誠心と言っても、いろいろな忠誠心があるのだ。

パンデミックの中で頭をもたげる日本社会の集団主義

パンデミック下の東京オリンピック開催を控えたこの大変な時期に〔本稿は二〇二〇年三月一八日に掲載された〕、日本社会では、利己主義と結合した奇妙な集団主義が再び頭をもたげているようで気がかりだ。日本政府のコロナ対策は隙だらけに見える。政府は、感染者数が少ないことを根拠に「他国に比べて感染をしっかり防げている」と一貫して主張しているが、対応が甘いとの指摘にはまともな反論ができずにいる。日本だけでなく世界のどの国の政府も、一〇〇パーセント信頼できる対応力を持てないまま、グローバルパンデミックの激流に飲み込まれているのは事実だ。市民の健康と安全のために、もっと責任感を持って感染対策を講じるべきだと、市民社会から批判の声が強まるのも当然のことだろう。

不可思議なのは、日本社会では、国のやることなのでとりあえず信じて耐えるべきだとの雰囲気になりつつあるということだ。インターネットを中心に、政府の消極的な対応を指摘する意見もなくはないが、大勢《たいせい》には大きな影響を及ぼしていない。むしろ、デマの飛び交うインターネットには用心しなければ、という意見のほうが共感を集めている。マスメディアも、政府の消極的な対応策に懸念を示しながらも、「コロナの診断に力を入れると医療システムに混乱をきたす」との主張を正当化することに加担している。相次ぐ「空振り」にもかかわらず、世論調査でも一貫して政府の対策は支持されている。

二〇二〇年三月、ソフトバンクグループの孫正義代表が、コロナを診断する簡易検査を一〇〇万人分、無償で提供するという大盤振る舞いの提案をしたが、「医療機関に混乱をきたすだけだ」との世論の批判を受け、撤回するという一幕があった。彼が、何かと反感を買いやすい在日であるという点や、SNSでの唐突な告知というやり方も拒否感を生んだのだろう。

だが、彼のSNSに群がった大勢の人たちは、コロナの検査を提供するという具体的なやり方に非難の矛先を向けていた。彼の提案がまるで、診断検査に消極的な政府の方針を批判するような形になったのが問題だったのだ。最終的には、無難にマスクを寄付するということで騒ぎは収まった。善意からの提案に、国のやることにケチをつけてはならないという集団主義が勝利したわけだ。

日本政府のコロナ対応の是非を現時点で判断できる人はいないはずだ。ただ、結果とは関係なく、論理に欠ける国のリーダーシップをかばおうとする集団主義が危うく見えるのは事実だ。ある意味、自分や家族の健康より国の方針を優先する無謀さのようにも見えるし、不都合な現実からは目を背ける無気力さのようにも見える。『菊と刀』が力説する日本文化というレンズを通して見てみると、そうした情緒の根底には、国家という集団主義に帰依することで自己実現を図ろうとする利己心が働いているようにも思える。グローバルパンデミックのさなか、暴走する権力と利己的な集団主義との危うい結合が気がかりだ。

地震を知らずして日本を理解することはできない

──災害はその社会の世界観に影響を及ぼす

新年を迎えたが、パンデミックの出口はまだ見えない［本稿は二〇二一年一月六日に掲載された］。「コロナ」は本来、太陽の大気の外側にあるガス層を指す。このガス層は、日食や月食の際に、太陽や月の周りに美しい光の軌跡を作り出す。その美しい自然現象の名がつけられたウイルスが世界じゅうの人々の健康を、もっと正確には、人々の健康を守る医療システムを脅かすようになって、はや一年だ。人類が未知のウイルスと対峙するのは、歴史的にも初めてのことではない。以前にも同じような危機を経験し、最終的にはウイルスとの共存の道を見つけ出した。その歴史に照らし、今のこの非日常的な状況もいつかは終わるはずだと信じる。

とはいえ、コロナ以前とまったく同じ社会に戻れると考えている人は多くない。一部には、「ポストコロナ」だの「ニューノーマル」だのと、早くも経済の回復に焦点を当てた展望を打ち出す人もいる。だが、そのような予測を、そうやすやすと信用することはできない。資本主義社会で暮らしているとはいえ、私たちの生活は、経済的な数値だけで説明できるほど単純ではない。しかも今は、誰もがパンデミックの洞窟に閉じ込められた状態だ。無数の人々が各自直面している苦しみやその対処方法を、総体的に把握できる人などいるだろうか。前代未聞のコロナのパンデミックが人類にもたらした明暗は、ずっとあとになってからその全貌を現すはずだ。

マクロな災害は社会の構成員の世界観に痕跡を残す

マクロな災害は、どういう形であれ、社会の構成員の世界観に痕跡を残す。ある社会で通用している世界観には、その社会の構成員に共通する経験が反映されているという意味だ。日本社会の重要な共通経験は、地震だ。断言できるが、地面全体が揺れるという容赦ないこの自然災害を知らずして、日本社会を深く理解することはできない。

日本は自他ともに認める地震大国だ。二〇一一年、首都圏を含む日本列島東部に広範囲の被害をもたらした「東日本大震災」（マグニチュード九・〇）は約一万五〇〇〇人の命を奪い、直後に福島県を襲った津波は、最先端の原子力発電所を再起不能の状態に至らしめた。一九九五年の「阪神淡路大震災」（マグニチュード七・三）では神戸の街が無惨にも破壊され、約六〇〇〇人が命を落とした。さかのぼって一九二三年に東京や横浜を中心に甚大な被害をもたらした「関東大震災」（推定最大マグニチュード七・九）の死者は一〇万人を超える。

日本は、わずか一世紀にも満たない、短いと言えば短い期間に、生活基盤が一瞬にして廃墟と化す、すさまじい災害を三度も経験した。全世界で発生する大地震の二〇％が日本列島とその近海で起こっているという。ここ数年韓国でも地震が増えているというが、日本社会が経験しているものとは次元が違う。

二〇一一年の東日本大震災のとき、東京にいた。突然の揺れに危険を感じ、ぐらぐら揺れる建物から慌てて外に飛び出したものの、安全な場所はなかった。地面全体が揺れている状況で、私を守ってくれるもの、私を助けてくれる人など存在するだろうか。目の前が真っ暗になったような気分だった。震源地から数百キロ離れた東京でもそんな絶望的な経験をしたというのに、揺れがもっとも激しかった東北地方はいかばかりか。想像するだに恐ろしい。

日本では、東日本大震災のような大規模災害だけでなく、ほとんど報じられることのない小規模の地震も頻発している。ほかの国なら人命被害が出ているかもしれない震度四〜五の地震が起きても、大きな被害を出さずに済むケースが多い。建物や道路の耐震設計が比較的しっかりしていて、人々も地震への対処法を熟知しているためだ。日本で暮らしはじめて間もないころ、初めて震度四を経験したときは、少なからず慌てた。突然揺れだした机や椅子に驚いていると四方の壁までできしみはじめ、そのまま建物が崩壊するのではないかと恐怖を感じた。一緒にいた日本人の友人たちは動揺する素振りも見せず「この程度の地震で大騒ぎしていたら東京では暮らせないよ」と笑いとばしていた。

私も今は、当時の友人たちのように震度四くらいは平気だ。揺れがちょっと長いな、というときだけ、SNSで震源地を確認する程度だ。日本は社会全体的に地震対策が徹底して講じられている。だが、東日本大震災のような甚大な災害にはなす術がないことを、みんな知っている。地震に関する会話の最後は「自然は人間の力ではどうにもならないものだから……」という、やや悲観的な運命論で締めくくられる。前向きなチャレンジ精神が足りないように思えるかもしれないが、大自然は人間が太刀打ちできるものでないというのも事実ではないだろうか？　早々に自然に屈服して心の平穏を得るのも一つの戦略だ。

一八世紀の啓蒙主義の哲学者ヴォルテールの書いた『カンディード』は、南ヨーロッパと北アフリカ一帯が焦土と化した一七五五年のリスボン大地震を目の当たりにした経験がそっくり反映された風刺小説だ。主人公カンディードは、知識や愛、宗教の力を疑わない楽天的な青年だ。だが、大地震や疫病、そして自然災害を口実に激化する魔女狩りや宗教戦争など、残酷な現実を目撃したのを機に、当時広まっていた楽観主義的な世界観には根拠がないという結論に至る。知識は偽善的で、愛は成就せず、宗教は暴力を正当化する、というのだ。悟りを得た彼は「目の前の畑を耕すことにでも力を使おう」という、極めて現世主義的な助言をするようになる。過酷な災害を経験し、世界観が変化したのだ。

生きているうちに少なくとも一度は、空が裂け大地が割れるような大地震を経験する日本の人たちは、カンディードの、悲観的かつ世俗的な人生戦略にすんなり共感できるだろう。実際に、東日本大震災と福島の原発事故以降、日本社会の雰囲気が変わったことを実感する。社会の構成員同士の集団主義的な結束力がさらに高まった一方で、外部に対する排他的な姿勢も一段と強くなった。

大地震を経験したあとカンディードは宗教に幻滅し、人生に対する楽観主義的な姿勢と決別した。東日本大震災以降の日本社会で、グローバルな連帯や開放的な社会を目指す理想主義よりも、当面の利益をもたらしてくれそうな排他的な鎖国主義のほうが説得力を持っているのも、カンディードのそうした態度と無関係ではないだろう。悲観的な世界観は、政治的な右傾化を後押しする力にもなる。災害は社会の構成員の世界観を変化させ、ひいては、社会の進んでいく方向にも影響を及ぼす。

「ポストコロナ」の課題——情報の危機

コロナのパンデミックのあと、私たちはどんな社会と向き合うことになるだろうか？ ウイルスとの戦いは、大地震とはまったく別の種類の災害だ。大地震は、揺れが身体で感じられ、街を廃墟にするなど目に見える破壊力を持っている。だが、ウイルスによる災害はそうではない。現場で死闘を繰り広げている医療従事者や患者でない限り、一般の人々が災害の深刻さを知るのは、メディアの伝えるニュースを通してだ。多くの人々が、「情報」という形でのみ危機を確認するのだ。

そういう人々にとっては、ある日突然パンデミックの危機が「宣言」され、平凡な日常の秩序が乱されたように感じられるかもしれない。社会を脅かすウイルスは目には見えない。多くの人にとっては、保健当局が毎日発表する感染者数が唯一の災害の実体なのだ。日々アップデートされる感染情報に注意を払いながら日常生活の困難に耐えていると、ふと、情報の信頼性に疑念が湧いてくるのもそのためだ。

医療陣がウィルスと死闘を繰り広げる医療現場がグローバルパンデミックの主戦場だとすると、「情報」もまた、多くの人にとって災害の実体として機能するもう一つの戦線だ。そのため、保健当局の政策をめぐって主張の対立が起き、情報の信頼性に関してもさまざまな意見が飛び交っている。科学の仮面をかぶったデマがあふれ、陰謀論が繰り広げられる一方で、専門的な情報や専門家に対する社会的不信も高まりつつある。長期的に見ると、科学や医療など専門分野に対する市民の信頼が低下することこそが、社会の発展の大きな妨げになるだろう。パンデミックよりも「インフォデミック」（インターネット空間で増幅される過剰情報の副作用）のほうが有害だという説を実感する。

災害はいつかは収束する。だが、災害を経験することで変化した世界観は、その後の社会に持続的に影響を及ぼす。啓蒙主義者ヴォルテールがカンディードの口を借りて主張した、神学的な考え方に対する批判は、近代社会の重要な思想的流れとなった。また、東日本大震災は、市民社会に排他主義や懐疑主義の影を落としている。コロナのパンデミックもいつかは終息するだろうが、情報の信頼性をめぐる危機はそう簡単には終わらないだろう。もしかしたらそれは、コロナ以降の世界が直面する、もっとも大きな課題かもしれない。

「他人に迷惑をかけたくない」という日本の「距離確保」の実践
――文化によって異なるソーシャル・ディスタンシング

一日も早く日常に戻りたいという人々の願いとは裏腹に、コロナ禍は長期化の様相を見せている。他人と物理的な距離を取り、混雑する場所を避けよ、という「ソーシャル・ディスタンシング」が当分のあいだ、絶対的なルールになりそうだ。

ソーシャル・ディスタンシングは、感染病予防のために考案された新しい概念ではない。「他人とのあいだにどのくらいの距離を取るのが適切か」に関する文化的概念としてずいぶん前から知られており、興味深い比較研究も多い。北ヨーロッパでは、同じ空間にいる他人とは何メートルも距離を取るのが一般的だ。そういう文化圏では、かなり大きなホールに五、六人の人がいるだけでも混み合っていると認識される。対照的にアラブでは、市場や通りなど公共の場に人がうじゃうじゃいても特に気にかけない。かといってアラブの人たちが混雑している空間を好むのかというと、そうではない。むしろ自宅などプライベートな空間は、ほかのどの文化圏の人よりも、広々としてゆったりしているのを好む。

つまり、文化圏によって「混雑している」という基準は異なる。どのくらい多くの人が集まっていれば混雑した状態なのか、どのくらいの混雑なら耐えられるのか、あるいは不快に感じるのか、といったことを判断する基準はさまざまだ。「混雑する場所を避けよ」というあいまいな表現は、文化圏によって違って解釈される可能性がある。保健当局がソーシャル・ディスタンシングの行動指針として「隣の人と二メートル以上距離を取る」という客観的な数値を示したのも、そのためだろう。

プライバシーに対する東洋と西洋の認識の違い――「私＝身体」VS「私＝精神」

かつて西洋の研究者たちは、日本人は混雑する場所を好むと主張していた。日本文化には、他人と触れ合うことや密集した空間を好む傾向があると見ていたのだ。都市化が進む前の日本の伝統的な文化では、そう見えるだけの余地があった。伝統的な家屋では、畳の部屋に大勢が集まって食事をし、家族みんなで仲良く部屋を共有した。「日本にはプライバシーという概念がそもそも存在しない」と断言するアメリカの研究者までいた。

プライバシーというと、今は、インターネットや携帯電話などのデジタル情報環境における個人情報を思い浮かべる人がほとんどだろう。だが、ソーシャル・ディスタンシングがそうであるように、プライバシーも文化的な概念だ。「私」という存在をどう解釈するかによってプライバシーの定義は変わってくるし、ソーシャル・ディスタンシングの実践の仕方も変わってくる。

たとえば、西洋の文化圏では「私＝私の身体」という考え方が強い。許可なく誰かの身体に触れる行為は、自我に対する深刻な挑戦と受け取られる。公共の場でもあえて自分だけの空間（プライバシー）を確保しようとする性向が強いのはそのためだ。英語で「混雑している（crowded）」という言葉はネガティブなニュアンスが強い。これは「私の身体は私を代弁する」という考え方とも関係がある。混雑した空間ではどうしてもほかの人と身体がぶつかってしまうが、それが、その人への予期せぬ攻撃と受け取られる可能性があるのだ。西洋では、あいさつとして握手をしたり頬に軽くキスをしたりする。軽い身体接触によって、互いに攻撃の意思がないことを確認するプロセスでもある。

一方、東洋の文化圏では「私＝私の精神」という考え方が優勢だ。身体の存在を否定するわけではないが、自分の本当に大切な「精髄」は、身体のどこかに宿っている精神であるというのだ。それゆえ、侮辱的な言葉で精神を傷つける行為は、自我に対する深刻な挑戦となる。また、韓国や日本など東アジアの文化では、親や先祖の生が自分のアイデンティティと結びついている場合が多い。そのため、先祖を貶めたり侮辱したりする発言は、耐えがたい攻撃と受け止められることもある。

このように考えると、西洋の研究者たちがなぜ、日本にはプライバシーの概念がないと誤解したのか、わかるようでもある。昔の日本人が他人との物理的接触をさほど抵抗なく受け入れていたのは、混雑する場所をことさら好んだからでも、忍耐力が強かったからでもない。他人の身体が触れることを自身への攻撃と捉えていなかったため、あえて抵抗する理由がなかっただけだ。プライバシーの概念がないのではなく、プライバシーの理解の仕方が西洋とは異なっていたのだ。

日本社会の「距離確保」の実践と道徳的ナルシシズム

今では、日本にプライバシーの概念がないという主張に、多くの人が首を傾げるのではないかと思う。韓国人旅行客をはじめ、日本を訪れる多くの外国人が「日本では他人と物理的な距離を取る傾向が強く、プライバシーに対する意識も高い」と口を揃えるからだ。実際に日本の大都市では、日常生活で他人との距離を保つことが比較的厳格に実践されている。公共の場ではほかの人に身体が触れないよう注意し、ずかずかと近づいてくる人に対する警戒心も強い。

ある意味、ソーシャル・ディスタンシングがあまりに徹底されていて疲れてしまうほどだ。街なかで大声で話している人はあまりいないし、携帯電話もマナーモードにしておくのが基本だ。おかげで、地下鉄やバスなど公共交通機関の中は図書館のように静かだ。また、乗客たちが目を落としている携帯電話の画面には、のぞき見防止用の保護フィルムが貼ってあることも多い。

ならば、今の日本社会では「私＝私の身体」という西洋的観念が完全に受け入れられたのだろうか？　そうとも言い切れない意外な場面も少なくない。花見や伝統的な祭りなど大勢の人でにぎわう行事では、他人と身体が触れ合うことに抵抗がない。普段は非常に礼儀正しい会社の同僚が、運動会や宴会など親睦を図る場では、肩や腕が触れても特に気にしない。いかなる場合でも混雑した状況を好まない西洋文化とはずいぶん違う。

実は、日本人が他人と物理的な距離を取るのは、プライベートな領域を守ろうとする気持ちよりも、ほかの人に迷惑をかけてはならないという意識によるところが大きい。そのため、さほど失礼にならないと判断される場合には、抵抗なく他人と身体を触れ合わせるのだ。ある意味、「社会的規範を遵守する自分」を徹底して演出する利己的な道徳観念が作用しているわけだが、そういう面から見ると「私＝私の精神」という前提は依然として成り立っていることがわかる。

ポストコロナ時代のソーシャル・ディスタンシング

コロナのパンデミック下で求められるソーシャル・ディスタンシングを実践するのは、なかなか容易ではないと実感する。日常的に人と会い、おしゃべりし、一緒に何かをする楽しみがなくなったのもストレスだが、実際のところ、お互いを潜在的な「ウイルスの運び屋」とみなさなければならないという前提からして、なんとも具合が悪い。パンデミックの時代に求められるソーシャル・ディスタンシングは、「私」の独立性を保つためのプライバシーの実践でもなければ、他人に迷惑をかけないようにするための努力でもない。ただ、人間がウイルスの道具になってはならないという、切実なあがきに過ぎない。

前代未聞のパンデミックもいつかは終結するはずだが、かといって、多くの人々を死に追いやった、目に見えない存在への恐怖が一瞬にしてなくなるはずもない。この「非人間的」な行動指針がまだしばらく続くかと思うと、呆然とする。

日本人は内と外が違うのか？——察してほしい「本音」と察してもらうための「建前」

「日本人は本当に内と外が違うんですか？」という質問をときどき受ける。そういう質問には「さあ……」というあいまいな答えしかできない。十数年間日本で社会生活をする中で、ストレートで率直な「ド直球」戦略が常に最善とは限らないことは実感している。だが、かといって、真摯な、飾らない付き合いが不可能だという意味ではないし、日本人の友人たちから、内と外が違う「裏表のある」態度を感じたこともないからだ。

韓日関係がギクシャクする中、韓国では「日本人は内と外が違う」との俗説が、ネガティブなニュアンスを漂わせながら人々の口に上ることが一段と増えたようでもある。そんな俗説を裏付ける根拠として「本音」と「建前」という、日本文化特有の話法や態度が持ち出されることもある。「建前」とは本来、家の骨格となる基本要素を指す言葉だが、ここでは「表向きの考え」を意味する。それとセットで言及される「本音」は、「本当の気持ち」という意味だ。

そういう概念が存在すること自体が、日本人には、表向きの考え（建前）とは異なる本当の気持ち（本音）が存在する、という意味にも読める。果たしてそうだろうか？

遠回しの間接的な話法は韓日の文化の共通分母

日本では、贈り物を相手に渡すときに「つまらないものですが……」と言い添える習慣がある。そういう表現は、無駄のないストレートな話し方をする英語文化圏では誤解を招きやすい。言葉の意味を文字どおり理解すると、つまらないものを贈る失礼をみずから認めているかのように、不自然に聞こえるからだ。

だが日本人の観点から見ると、それは極めて不本意な解釈と言える。この慣用句は、本当につまらないものを贈るという意味ではなく、自分を低めることで相手を高める「謙譲」話法を礼儀正しく実践したものに過ぎないからだ。

韓国でも、贈り物をするとき「たいしたものではありませんが……」という言葉を添えることがある。これもやはり、贈り物が本当にたいしたものでないという意味ではなく、相手に丁重さを示すための慣用句だ。実際には、そういう慣用句のつく贈り物であるほど、心を込めて準備した可能性が高い。それほど礼儀を尽くすべき相手だという意味でもあるからだ。

そのような話法の根底には、自分のことを誇示するのはみっともないと考える情緒がある。そういう情緒を共有している韓国と日本には、自分を低めて謙遜する話法や態度が、共通の文化的習慣として根づいている。

文化は相対的なものだ。西洋人が、自分を低める話法を、内と外が違う二面性のある態度だと感じるのは仕方ないが、敬語や謙譲の情緒をよく知る韓国人が日本人の間接的話法を「裏表がある」と決めつけるのは偏見だ。韓国も日本に劣らず婉曲話法を好むではないか。「近いうちに一度食事に行きましょう」という韓国人の友人の言葉を、社交辞令とは知らず額面どおりに受け取った外国人があとになってガッカリした、というエピソードは、単なる笑い話ではないはずだ。

察してほしい「本音」と察してもらうための「建前」

ならば、西洋人の目に日本固有の文化であるかのように映った「本音」と「建前」は、実はアジア共通の文化であると言うべきなのだろうか？　そうとも言い切れない日本固有の脈絡も存在する。たとえば、一日の仕事を終えた上司が部下たちに会食を提案したとしよう。朝から仕事でクタクタで、一刻も早く自分だけの時間を過ごしたいと思っていた部下は「残念ですが、仕事が残っているので行けません」と断った。それを聞いた上司が「そうか。じゃあ仕事が終わるまで待とう」と答えたとしたら、相当ピントがずれている。部下は、仕事が残っている（建前）と言うことによって、会食に行く気はないという自分の意思（本音）を遠回しに、けれど明確に表明しているからだ。その真意を見抜けない上司は、空気の読めない、頭の固い人間に違いない。

つまり、本音とは、誰にも知られぬよう厳重に隠しておく本心ではなく、相手に気づいてもらわねばならない本心なのだ。言い換えると、建前は、本心を隠すための手段ではなく、本心を察してもらうための手段ということだ。建前で本音を隠しているのではなく、建前で本音を遠回しに表現している、という解釈のほうが妥当だろう。そういう意味では、本音と建前の文化は、本心を隠す「裏表のある態度」とはまるで異なる。むしろ正反対に、間接的ながらも本心を明確に表現する能動的な方法とも言えるくらいだ。

一般的に本音と建前は、集団の「和」を美徳とする風潮から生まれたと考えられている。集団内の和を最高の価値と考えるので、構成員間の不協和音が表に出るのは望ましくない。そのため、意見が対立したり、もめたりといった気まずい状況では、本音と建前という文化的コードが動員される。建前を前面に出すことで、相手の気分を損ねるかもしれない自分の考え（本音）を遠回しに伝える。すると相手も気分を害することなく、こちらの拒否や反対の意思をすんなり受け入れることができる。いざこざを未然に防ぎ、集団の和を維持するための文化的な「潤滑油」なのだ。

本音と建前は本質的に、相手の気分を損ねないよう配慮し、もめ事が起きないようにする社交術だが、文化的コードを共有していない外国人とのコミュニケーションでは障害物となる。本音を察してくれることを期待して日本人は建前を口にしたのに、本音を察することのできない外国人が建前を言葉どおりに受け取った場合、コミュニケーションに問題が生じる。間接的話法にある程度慣れている韓国人も、日本社会の本音と建前の感覚を自然と理解できるようになるまでには時間がかかる。韓国語ではそれぞれ「心の内」や「名分」などとシンプルに訳される言葉だが、文化的に見ると、はるかに複雑な社会的脈絡が潜んでいるからだ。

中途半端な意思表示の慣行が市民社会には障害物

日本でコロナウイルスの感染が猛烈な勢いで再拡大している［本稿は二〇二〇年八月五日に掲載された］。感染対策を強化するどころか観光支援に力を入れる政府への世論は、かなり否定的だ。だが、その批判的な世論が社会にどう表れているかといえば、韓国社会の感覚からすると実に手ぬるい。

たとえば、野党は政府に対し「パンデミックのさなか観光支援事業を推進するに至った経緯をきちんと説明せよ」との意見を伝えたというのだが、それは、政府の方針に明確に反対だという意味なのか、あるいは、経緯さえきちんと説明できるなら賛成だという意味なのか、発言の意図がどうもはっきりしない。そういう要求が出たこと自体が、批判的な世論を表しているとと見ることもできる。だが、その遠回しな表現のせいで、「経緯なら説明できる」という屁理屈で批判をかわす道を政府に与えてしまったのも事実だ。

本音と建前という日本特有の文化的な潤滑油は、私的な交流においては、相手に配慮し、不必要な葛藤を避けるというポジティブな効果を生む。特に、上司からの会食の誘いを穏便に断れるくらい上手に活用できるなら、社会生活を送るうえでの戦術とするにふさわしい。

だが、公的に意思を表明する場では、むしろ逆効果を招く。遠回しな意思表明は、適度に批判し合ったり、多様な意見を集約したりするうえで妨げとなるからだ。必要以上に建前の「和」を重んじると、状況の深刻さから目を背けることになり、また、批判をかわすための口実を権力に与えることにもなる。葛藤や不協和音を避けるための文化的慣行は、政治的にはネガティブな要因にもなり得るということだ。

「アナログネイティブ」が主導する日本社会

――日本でデジタル経済の定着が遅れている理由

日本では、まだ多くのものがアナログだ。私の住む東京のマンションの玄関ドアは「鍵」で開けるタイプだ。最新式マンションではないものの、旧式の団地でもない。日本では、暗証番号式の電子キーやカードキーなどのデジタル施錠装置より鍵のほうが安全だという認識がある。鍵を持ち歩く煩わしさや紛失による危険性よりも、暗証番号が流出したり、デジタル情報が悪用されたりするリスクのほうが大きいと考えるのだ。そのため、共用エントランスにはデジタル施錠装置を導入しても、各家庭の玄関ドアは頑なにアナログ式のままだ。

外国人は、日本でクレジットカードの使えない店が多いことに驚く。ＡＩロボットが携帯電話を販売し、バーチャルゲーム機が世界に先駆けて商用化された国だが、肝心のクレジットカードやモバイル決済などの電子マネーは、いまだに定着していない。買い物をする際、紙幣や硬貨で支払う人の割合が圧倒的に多いのだ。二〇一九年の調査結果によると、日本の電子マネー取引の割合は二〇%にも満たない。クレジットカード発行の審査基準や税金の透明性など金融政策とも関連しているため単純比較はできないが、その割合が九〇%に迫る韓国とは大きな違いがある。

なぜ日本では電子マネーが定着しないのか？

日本で電子マネーが定着しない理由については、さまざまな意見がある。お年玉やご祝儀など親しい人同士で現金をやり取りする伝統がある、あるいは、店員がお釣りを素早く正確に計算する能力を持っていることから現金志向が一種の「文化」になった、との主張もある。だが、電子マネー普及率の高い韓国や中国にも、お年玉やご祝儀の文化は根づいている。また、お釣りの計算能力なら、「スピードが命」のマートや市場で鍛えられた韓国の自営業者たちが負けるはずがない。そういういい加減な文化論よりは、財布に現金が入っていないと安心できないという、根拠のない「心理学」のほうが説得力があるように思える。

確かなのは、日本は「ハイテク社会」を自負しながらも、アナログ式への選好度が高いという点だ。六五歳以上の人口の割合が世界一高い超高齢社会であるという事実が、その原因の一つだ。行政や金融などの公共部門をはじめ、さまざまな社会的サービスを利用するのは主に、経済的にゆとりがあり、アナログのほうがはるかに楽だと感じる老年層だ。そのため、若者ではなく老年層の暮らしやすい生活環境を作ることが優先された。デジタル化を急いで大勢の人にとって不便な社会を加速させる必要はない、ということだ。

デジタルとアナログ、どちらが情緒的安定感をもたらすのか？

二〇〇〇年代初めに「デジタルネイティブ」という概念が世界的に話題となった。生まれたときからデジタルメディアが世の中に存在し、アナログよりもデジタル環境に慣れている若者を指す言葉だ。この言葉が登場してからもう二〇年になるので、そのころデジタルネイティブと呼ばれていた人たちも、いまや四〇の手前だ。

当時、デジタルネイティブと「デジタル移民者」の違いを確認する方法として、こんな話があった。電子メールを送ったあと、「メールを送ったので確認してほしい」と電話で伝えないと安心できないならデジタル移民者、逆に、電話で話すよりメールのほうが安心ならデジタルネイティブ、というものだ。もっと昔には、電卓で計算した結果を筆算で確認しないと落ち着かないなら年寄り世代、筆算で計算した結果を電卓で検算しないと安心できないなら若者世代、という笑い話もあった。実際に、簡単な計算なら電卓を使うよりノートで筆算したほうが安心だという人のほうが多い時代もあった。

デジタル化によって多くのことが便利に、スピーディーにできるようになるのは事実だ。だが、すべてのことに便利さやスピードが求められるわけではない。一度慣れてしまえば、外出時に鍵を持ち歩くくらいはそう面倒ではない。財布の中にたっぷり紙幣を入れておいたり、硬貨を数えたりするのも、意外と楽しいものだ。デジタルかアナログかという選択には、機能性や便利さだけでなく、理由のない安心感や、習慣がもたらす心地よさといった情緒的要因も影響を及ぼす。デジタルネイティブとデジタル移民者を分ける境界線も、つまりは、デジタルとアナログのどちらに情緒的安定感を覚えるか、ということなのかもしれない。

「デジタルネイティブ」より「アナログネイティブ」を優先してきた日本社会

日本では、デジタルな仕事環境が整っていてもアナログ媒体を中心に仕事が回っていくケースが多い。電子メールに不慣れな年配の世代には、電話で仕事を処理するほうが礼儀正しいと受け止められている。日本ではこのように、礼儀正しさの基準が、年配の世代の情緒的安定感に合わされているのだ。昔も今も日本社会を主導するその世代は、ある意味、アナログの世界から一度も出たことがない。デジタル移民者というより「アナログネイティブ」という言葉のほうがふさわしい。

公職者を選ぶ選挙は、日本社会がいかにアナログネイティブの感性に忠実であるかをまざまざと示す例だ。投票用紙に候補者の名前を自分で記入するという、半世紀も前のやり方が今も維持されている。候補者名の漢字を書き間違えた無効票も少なからず出る。デジタルメディアの自動変換機能を使って文章を書くことに慣れている若者にとっては、投票用紙に漢字で名前を書くのは不慣れで難しいことだ。デジタルネイティブにとって不便極まりない選挙システムを作っておいて、若者の投票率が低いと責めてばかりはいられないはずだ。

そんな日本社会がコロナ禍以降、デジタルネイティブの声に耳を傾ける方向へ舵を切ろうと模索している。コロナ禍に対応する行政サービスの、複雑で時間のかかる手続きが大きな課題として浮上したからだ。デジタルの強みであるスピードや便利さ、手続きの簡素化を切実に求める声は高まっている。政府が率先して公文書の電子化やオンライン行政処理の強化などを積極的に進めるというのはいいが、ハンコに代わる「電子印鑑」の導入といったまどろっこしい具体案を見るにつけ、アナログネイティブの発想から抜け出すのはそう簡単ではないように思える。

デジタルが常に良いというわけではない

日本社会と比べると、韓国は、デジタルネイティブ向けの社会へとスムーズに移行したように見える。年配の世代も難なくメッセージアプリで動画を共有するし、インターネットでの検索もお手の物だ。多くのアナログネイティブがデジタル移民者へと無事に定着したのはポジティブなことだが、韓国では、デジタルといえば何でもかんでも望ましいことであるかのように物事を進めようとする性急さが問題だ。人類の歴史において、デジタルがアナログより後に登場したのは事実だが、すべての面で「進んでいる」と言うのは無理がある。

特に、デジタルメディアの社会的影響を研究する立場としては、デジタルよりもアナログのほうが平等な機会を提供している事例を少なからず見かける。昔のやり方に慣れている高齢者や、経済的な理由でデジタルプラットフォームへのアクセスが困難な人もいる。そういう人たちにとってデジタルサービスは無用の長物であり、アナログプラットフォームのほうがはるかに利用しやすい道具なのだ。また、日々増加するデジタル犯罪の危険を回避できるという点からも、アナログを単なる過去の「遺物」扱いするのはどうかと思う。

日本のようにアナログだけに固執するのも賢明ではないが、韓国のように、多様な「デジタル住民」に対する配慮が欠けているのも問題だ。多様なデジタル住民の共存できる環境が、より良い社会づくりのための重要な条件であるという点は、疑う余地がない。

関東と関西、日本に共存する異なる文化

——東京と大阪の「異文化」を理解する

東京から新幹線に乗って二時間余りで、日本第二の都市、大阪に到着する。新幹線から降り立つなり、大阪に来たことを実感する瞬間がある。改札に向かうエスカレーターに乗るときだ。歩く人のために片側を空けておく習慣は同じだが、東京では右側を空け、大阪では左側を空ける。東京でのように無意識に右側を空けて立っていると、ほぼ確実に、スタスタと歩いて上っていく旅行者たちと身体がぶつかる。そこでようやく気づく。「しまった、ここは東京じゃなくて大阪だった！」

関東と関西、二つの文化はどう違うか

外国人にとっては、東京の文化も大阪の文化も、どちらも同じ日本文化のように思える。だが日本人の目には、その二つの都市の文化的な違いは大きい。日本は「関東」地方と「関西」地方に大きく区分される。関東地方は東京を中心とする日本列島東部を、関西地方は大阪を中心とする西部を指す。関東と関西の明確な境界線がどこかをめぐっては時代によってさまざまな解釈があるが、それだけ二つの地方を異質な文化圏として区分してきた歴史が長いというこ

とだ。
「異文化コミュニケーション」という科目を教える同僚は、「異文化」の概念を説明するために、関東と関西の文化的な違いを例に挙げるという。一般的に異文化という言葉は、東洋と西洋のように地域的または歴史的に大きく異なる状況、もしくは英語圏と中国語圏のように言語や宗教、生活習慣などが明白に異なる状況を指す概念だ。同じ日本の中で、それも新幹線で二、三時間もあれば行き来できる地域なのに、「異文化」とは。最初は冗談かと思った。

日本人の目には大きく見えるという、関東と関西の文化的な違いとは何だろうか？　一番に挙げられるのは、人々の気質が違うという点だ。関西人はせっかちで外向的だ。ユーモア感覚を重視し、初対面の人にも気軽に声をかける。関西人の集まる場ではひっきりなしに冗談が飛び交い、雰囲気も和気あいあいとしている。一方、関東人は性格が真面目で、個人主義的な性向が強い。礼儀正しいが人間的にはドライだという見方も多い。華やかで目立つキャラクターは、やはり関西に多い。人気のお笑い芸人は関西出身が圧倒的に多く、大阪弁はお笑い流行語の常連だ。

そんな関西人にとって、関東人のクールさは偽善的で腹黒いように見える。人生の楽しみ方を知らない真面目人間、という酷評まである。もちろん関東人も、関西人への評価は辛口だ。関東人からすると、関西人は粋《いき》を解する風流人とはかけ離れている。あけすけに自分の意見を押し付けてくる、疲れるタイプだ。相手への評価が厳しいという点ではお互い様だ。

個人の性格が出身地なんかで決まるのか？　と思うかもしれないが、東京と大阪の街を歩いてみると、二つの都市の雰囲気が違うことを肌で感じる。たとえば東京では、地下鉄の中で大声で騒いでいる人はあまり見かけない。通りは静かで、互いに干渉しない雰囲気なので、面倒なことに巻き込まれることもない。一方、大阪の通りや店は、かなりにぎやかで陽気だ。知らない人でも気軽に声をかける人懐っこさはいいが、煩わしくもある。そういう違いを経験してみると、関東と関西は異文化だという仮説に、妙に納得してしまうのだ。

実際、「違い」にフォーカスして見ると、関東と関西で違うところは数え切れないほどある。たとえば、関東のうどんのつゆは、いりこやかつお節などの乾物でダシをとり醬油で味つけするので、黒っぽい色をしている。一方、関西のうどんのつゆは昆布だしに塩で味つけするので、澄んだ薄い色をしている。韓国の食堂で「辛い味」か「辛くない味」かを選ぶように、つゆを関東風か関西風から選べるうどん店もある。握り飯も、関東では三角形の「おむすび」が主流、関西では俵型の「おにぎり」が主流だ。

同じ漢字でも、関東と関西で読み方が異なる場合もある。東京にも大阪にも「日本橋」という地下鉄の駅があるが、東京では「にほんばし」、大阪では「にっぽんばし」が正式名称だ。さらには、使用する電気の周波数も関東は五〇ヘルツ、関西は六〇ヘルツと異なるので、家電製品をどこで使うかによって注意が必要だ。

「自分たちは東京とは違う」という関西地域の根深い情緒

地域によってそれぞれ異なる文化的慣習が存在するのは自然なことだ。広いとは言えない朝鮮半島でも、地域ごとに料理の味が異なり、独特の生活習慣や方言が存在するのだから。だが、地域間の些細な違いをあえて異文化として解釈するというのは、ちょっと別の文脈で見る必要もある。

たとえば、先に紹介したエスカレーターの片側空けの習慣の違いは、東京と大阪の異文化を象徴する例としてしばしば言及される。だが、エスカレーターのどちら側を空けるかは、街の歴史や自然環境など地域の特性が影響を及ぼすほどの事柄ではない。それよりは、東京とは違うやり方にこだわる大阪人の反骨精神から定着した社会的慣行と見るべきだろう。同じ漢字をわざわざ違う読み方で読んだり、異なる周波数の電力を使ったりするのも、そうまでしてでも東京とは違う路線を貫きたいという、地域社会の意思が反映された結果に思える。

関西人には、歴史的、文化的に東京には属していないという、明確な自負心やアイデンティティがある。「自分たちは東京とは違う」という暗黙の情緒に基づいて、関東とは異なる生活様式や習慣を意図的に実践してきた歴史があるのだ。

東京がオリンピックの準備に余念がなかったときも、大阪の反応は冷めていた。オリンピック開催への冷笑的な意見も少なくなく、オリンピックに向けて一丸となって動いていた東京とはまるで違う雰囲気だった。実際、大阪人にとっては東京オリンピックよりも、二〇二五年に大阪で開催される万国博覧会のほうがずっと楽しみなイベントなのだ。二〇二〇年一一月には、現在の大阪市を中心とした広域を東京と同格の「都」に再編する行政改編案をめぐって住民投票がおこなわれた。政治的に複雑な事情が絡んでいたし、改編案の内容も不十分だったため、最終的には否決された。だが、東京中心主義に対抗するような政治的主張や試みが出てくるのは、やはり大阪なのだ。

東京が日本の社会や文化のすべてを代弁しているわけではない

首都である東京が、政治、経済、行政の中心として日本を代表する役割を果たしているのは事実だ。東京には外交官やマスメディアの特派員も常駐している。東京の社会的な雰囲気が日本社会全体のものであるかのように伝えられるのも無理はない。だが、東京が日本の社会や文化全体を代弁しているわけではない。日本で、在日コリアンをターゲットにした「ヘイトスピーチ」が目に見えて増えていることは、韓国でも知られている。だが、大阪で、そうしたヘイトスピーチを禁止する条例がほかに先駆けて導入されたことや、ヘイトスピーチをした人物の情報公開を定めたその条例はプライバシーを侵害するとして極右団体が提起した違憲訴訟がこのたび棄却されたことは、知られていない。政治的な右傾化が日本全体で目立っているのは事実だが、少なくとも関西では別の声も上がっている。

大阪のように東京への対抗心の強い地域もあれば、ここでは触れなかったが、九州や北海道のように独自性の強い地域社会もある。同じ国だからといって、さまざまな地域を画一的に理解する必要はないのだ。

「老いてますます盛んなり」の日本社会
――「新しさ」より「円熟味」を高く評価する

二〇二〇年一二月、日本で、ある漫画家の引退表明が衝撃をもって伝えられた。一九五八年に一八歳で漫画家デビューしたあと、実に六三年ものあいだ野球漫画を描いてきた第一人者、水島新司さんが現役引退を公式に発表したのだ。『ドカベン』『あぶさん』など正統派の野球漫画で人気を博した漫画家で、韓国でも彼の作品に触れたことのある人はいるだろう。「これからの漫画界、野球界の発展を心よりお祈り申し上げます」という言葉からは、決然とした思いが伝わってきた。

彼の漫画を愛読していたわけではないが、この引退のニュースは私にとっても印象的だった。何より、引退を表明した彼の年齢が満八一歳ということに驚いた。韓国では、八一歳といえば紛れもない「人生の黄昏時」で、すでに数十年前に現役を退き、「第二の人生」あるいは「第三の人生」を歩んでいてもおかしくない年齢だ。その歳まで作品を描きつづけたという事実に、「老いてますます盛んなり」という言葉が浮かんだ。

「ここでやめるなんてもったいない」

日本の野球漫画の生き証人の引退ともなれば、ファンたちが残念がるのは当然だ。ところが、彼と親しかったという同年輩の漫画家は「最近まで作品づくりに取り組んでいたのに、突然引退だなんて残念だ」と述べた。実に六〇年以上も漫画一筋に歩んできた人に対して「やるだけやった」と労をねぎらうのではなく「ここでやめるなんてもったいない」という言葉が出てくるとは、意外だった。

歳をとることは、人間誰しも通る過程だ。いわゆる「管理」をすれば見た目の若さは取り繕えるかもしれないが、それでも老化は止められないというのは当人が一番よくわかっている。加齢による変化はとりたてて歓迎するようなものではないけれど、かといって抵抗しても無駄だ。だが見方を変えれば、歳をとるというのは、日々の経験が積み重なって円熟味を増す「成熟」の過程でもある。どういう観点で見るかによって、歳をとることへの評価も大きく変わってくる。八〇代の漫画家の引退がもったいないというのも、彼の円熟した作品が見られなくなるのを惜しむ気持ちなのだろう。

そういう意味で、スポーツ漫画という若者向けのジャンルで六三年間、誠実にキャリアを積み重ねてきた漫画家の話は、どこか胸を打つものがある。彼は半世紀を超える長きにわたり、脇目も振らず作品の世界に没頭してきた（自分の作品を原作とした野球映画にカメオ出演したことはあるが、テレビ番組などに出たことはほとんどない）。出版業界はそんな彼を軽んじることなく、その専門性に投資しつづけてきた。読者は、円熟味を増す彼の作品に、変わらぬ「応援」で応えてきた。この漫画家が老練の境地に至ったのは、彼一人が奮闘した結果ではない。彼自身と読者、出版業界が三位一体となって、日本の野球界全体に影響を及ぼすほどの大物漫画家を育て上げたと言うべきだろう。

経験と専門性を高く評価する日本社会

日本社会は、経験豊富な壮年層や老年層の活躍が目立つ。六五歳以上の高齢者の割合が全人口の三分の一に迫る超高齢社会であるという点も影響しているだろうが、社会全体的に、年輪や専門性を高く評価する雰囲気がある。日本では、八〇代で引退表明するベテラン漫画家の話くらいは、よくあるわけではないものの、かなり異例ということでもない。

私自身も、日本の学会でときどきお目にかかっていたM先生のことが頭に浮かぶ。昨年、九〇代で亡くなった先生は、八〇代のころはいつもバックパックを背負って学会に姿を見せていた。実はその学会は、先生の若かりしころの優れた研究成果を引き継いだ精鋭の弟子たちが立ち上げたものだ。厳かに演壇に上がり基調演説をして然るべき大学者だったが、先生はあくまでも現役の研究者として参加していた。

バックパックからノートパソコンを取り出して最近の研究結果を発表し、大学院生たちとざっくばらんに討論した。社会的地位にあぐらをかくことなく、研究者としての専門性を誠実に追求するその情熱は、後進にとって大きな刺激となった。経験や専門性を高く評価する風土のおかげで、年齢に関係なく現役として精進する情熱がその真価を発揮できたのだろう。

「円熟味」か、「新しさ」か。社会的価値の評価基準としてどちらのほうが優れていると断言するのは難しい。ただ、八一歳で引退を決意したベテラン漫画家や、大学院生たちと対等に討論する八〇代の大学者の例からわかるように、日本社会には、長年積み上げてきた経験や専門性の持つ強みを重視する傾向があるのは明らかだ。そのぶん、新しい変化に適応するには時間がかかるかもしれない。けれど、経験や専門性が重要となる分野では本領を発揮するのだ。

歳をとると「老害」もしくは「不用品」——韓国社会を振り返ってみるべき

現在の日本の高齢者集団は、戦後の急激な社会変動と「バブル時代」の豊かさを経験した世代だ。特に、太平洋戦争（一九四一〜四五）の敗戦直後に生まれた「団塊の世代」は、日本の全人口の中でもっとも厚い層をなしている。

戦後の貧しい時代に生まれた彼らは高度経済成長を牽引した立役者で、今の若者層に比べて進取的な姿勢が顕著だ。まだ「ようやく」七〇代半ばの彼らは、政治、経済、文化などさまざまな分野において日本社会を支える、円熟した柱だ。高度消費社会の主役であり、また市民意識が比較的高い世代でもある。

日本社会が、若い覇気よりも円熟味のある専門性を好むのは、彼ら世代の声が大きいからだとの見方もある。実際に、高齢者の人口集団の経済的影響力は若い世代を圧倒している。社会問題に対しても積極的に意見を述べるほうだ。そのため、彼らの強みである「円熟味」が、若い世代の「新しさ」よりも、社会的価値の評価基準として好まれるようになったと見ることもできる。

日本の現役の「大御所」たちが安定して大活躍しているのはそれなりに前向きなことだと言えるが、一方では、若者が積極的に新しいことにチャレンジしにくいとの批判もあるだろう。日本社会が変化に鈍感で、挑戦することに消極的だという印象を与えるのも、そういうことと無関係ではないように思える。

こうして見ると、韓国社会とは正反対だ。韓国の大御所たちは早々と前線から退いて「老害」になるか、もしくは「不用品」扱いされることが多い。正統派恋愛映画で一九八〇年代と九〇年代を風靡した有名監督が、五八歳という、日本でなら、まだまだこれからという現役の年齢で仕事が途絶え、うつ症状に苦しんだ末、自死を選択したというニュースを耳にしてからずいぶん経つ。大企業に勤める四〇代は名誉退職〔日本で言う早期希望退職〕を真剣に考えなければならないというし、創造力で勝負する文化芸術分野では、歳をとるとすぐ「センスが古くなった」という目で見られるようになるらしい。そんなことでは、専門性から醸し出される「円熟味」が評価される場などないのではないかと心配になる。

実際、日本社会が変化に鈍感であるとの評価は、目が回るほど慌ただしく変化する韓国社会に比べると相対的にそうだ、ということに過ぎない。伝統や習慣を重んじるヨーロッパなど世界のほかの地域に比べれば、日本社会が変化を受け入れる速度もけっして遅くはない。長年の努力と忍耐を経てこそ現れる「経験の力」を、韓国社会はあまりに軽んじているのではないかと、あらためて問うてみる。

日本社会、「マニュアル王国」の明暗
——「ものづくり」には強み、コロナ時代には弱点となるマニュアル主義

日本社会は、「マニュアル王国」と言ってもいいほど、あらゆる状況での行動指針が事細かにマニュアル化されている。政府や大企業など、常時稼働している大きな組織は言うまでもなく、小さな商店や単発のイベントにもマニュアルが存在する。しかも、ほとんどのマニュアルが「ちゃんと守られる」のだ。

いつどこでもマニュアルがちゃんと守られるという事実を不思議に思う韓国人は多い。最近

の言葉で言うと「ケバケ」（「ケースバイケース」の略語で、「状況によって異なる」という意味）を重視する韓国文化では、日本文化の「ＦＭ」（「フィールドマニュアル」の略語で、「何でも原則どおりにする」という意味）精神よりも、素早い状況判断や柔軟な対応のほうが高く評価されるからだろう。

マニュアル主義に対する韓日の温度差

正反対に日本人は、韓国ではしばしばマニュアルが軽視されるという事実に驚く。ソウルの汝矣島《ヨイド》〔国会議事堂があるほか、証券会社や放送局が集まるエリア〕で数年間働いていた日本人の会社員からこんなエピソードを聞いた。残業のあとよく立ち寄っていた会社前のコンビニで、顔見知りの従業員がある日、「どうして毎晩カップラーメンを食べるんですか？」と聞いてきたという。それでなくても、連日の夜食で体重が増えたのを気にしていた彼は「そんな質問がマニュアルにあるんですか？」とチクリと言ったが、従業員は平然と「健康に良くないですから」と返し、それを機に二人は親しくなったという。

同じことが日本のコンビニで起こる確率は「ゼロ」に近い。いくら顔見知りの客でも、マニュアルにない私的な対話はしないことになっているからだ。実際、何事もきっちりマニュアルどおりに行動するのが無難だというのは事実だ。先に紹介したハプニングも、ハッピーエンドで終わったから良かったものの、下手をすると「従業員の無礼なサービス」問題や「客の横柄な態度」問題へと発展する可能性もあった。いくら良かれと思っての言葉でも、客と従業員の双方に、不必要な心理的負担を与えることもある。

最近は韓国でもマニュアル主義が台頭してきているという。コンビニでも、従業員と客のあいだで突発的に会話が始まるようなことは、以前に比べるとずいぶん減った。とはいっても、マニュアルにない言葉は一言も発しない日本のコンビニとは雰囲気がかなり違うことも実感する。

マニュアルの捉え方は韓日で大きく異なる。「マニュアルは必要悪」と考える韓国人には、どんな状況でもマニュアルは遵守すべきだという日本人が、融通の利かない頑固者に思える。逆に「マニュアルは絶対善」と考える日本人には、状況によってマニュアルを簡単に無視してしまう韓国人が隙だらけに見えることだろう。

「ものづくり」や防災には強み

日本社会でマニュアルがこれほど重要になった背景として、巨大な政府官僚組織や大企業の組織文化の影響を無視することはできない。巨大な組織が一糸乱れず動くためには予測不能な要素を減らすのが何より重要で、そのためには、各人の行動や動線をあらかじめ決めておくマニュアルを完備するのが効果的だったのだ。他人に迷惑をかけまいとする意識が極めて強い文化的性向も、マニュアル主義が日常の中に浸透することを後押しした。

マニュアル主義は、日本社会の誇る「ものづくり」精神を実践するうえで強みとなる。ものづくりとは、日本の伝統文化の中で育まれた職人魂を称える言葉だ。この言葉は「かつて世界市場で堂々たる強者だった日本の製造業の秘訣は、原則を重視する頑固な職人の伝統にある」という意味で言及されるようになった。製造工程についての綿密なマニュアルとそれを頑なに守り抜く姿勢は、物の完成度を高め、製品の欠陥を減らす。不器用な人もマニュアルに忠実に従えば、職人のように立派なものを作り上げることができる。マニュアル主義が真価を発揮する瞬間だ。

地震や台風などの災害時にも、綿密な事前準備やマニュアルは大いに活躍する。二〇一一年の東日本大震災当時、少なからぬ被害を受けながらも冷静沈着に行動する日本の市民の姿は話題となった。日本の市民が地震にことさら強いマインドを持っているというよりは、地震発生時の行動マニュアルが頭に叩き込まれているため比較的落ち着いて行動することができたのだ。私も、大学のキャンパスで大地震が発生した場合に備えた小型のマニュアルブックを、財布に入れて常に持ち歩いている。勤務先の大学から配布されたものだ。もし講義中に地震が発生した場合、学生を安全に避難させる責任を負う立場としては、心理的に安心だ。

予測不可能な状況ではかえって障害となるマニュアル主義

一方、マニュアルがないほうがマシなケースもある。東日本大震災の直後に起こった福島第一原子力発電所の事故が典型的な例だ。あらゆる種類の原発事故に備えて緻密な行動指針が用意されていたが、大規模な津波によって原発の主電源、非常電源ともに一瞬にして喪失するという壊滅的な状況までは想定されていなかった。いつも頼りにしている行動指針がないとなると、日本政府も、電力会社も、前代未聞の事故に初めて接する市民も、パニックに陥った。臨機応変に方法を探り試行錯誤しながら実行していくのは、経験のない不慣れなことだったからだ。

予測可能な状況でのマニュアルは、先人の豊富な経験から導き出された助言となるが、誰も経験したことのない状況でのマニュアルはただの紙切れに過ぎない。下手をすると、マニュアルがかえって事態を悪化させるかもしれない。理にかなっていないにもかかわらずマニュアルに固執して事をしくじったり、適切なマニュアルの指針がないという事実にうろたえて、とんでもない失敗をしたりする可能性もある。

コロナ禍で限界があらわになったマニュアル主義

初めて経験するコロナのパンデミックの中、日本社会はまたもや、マニュアル主義の副作用に苦しめられているようだ。医療機関から保健所への情報伝達の手段がファックスに限定されていたため、感染者数の集計にはミスが続出した。家計補助のため支給される特別給付金は、申請はオンラインで可能だが、公務員がいちいち手作業でデータをチェックするため、実際に支給されるまでに時間がかかる。コロナ禍によって生計が脅かされている市民にとっては一分一秒を争う事態なのに、分厚い業務マニュアルが迅速な対応の妨げとなっていた。

ある意味、韓国社会がコロナ禍に比較的、効果的に対応できたのは、マニュアルだけに頼らない柔軟さも大きなポイントだった。感染拡大の初期段階で診断キットの緊急使用を許可したほか、「ドライブスルー」方式での検査など、奇抜なアイデアをすぐに実行に移した。その場その場で状況に応じて判断し、即座に実践した結果だ。少なくとも今回のコロナ禍は、創意的な臨機応変さがマニュアル主義より効果的な場合もあることを証明した。

この先も社会はもっと速いペースで変化していくだろうし、コロナ禍のように過去に経験したことのない試練が再び襲ってくる可能性も少なくない。時宜にかなった創意的な臨機応変さが、これからの社会では核心的な戦略になるかもしれない。そういう意味で、日本社会は、マニュアル主義の副作用を克服するという重要な宿題を一つ与えられたことになる。

ところで、ともに考えなければならないのは、臨機応変はあくまでも臨機応変であって、正攻法ではないという点だ。韓国では二〇二〇年に、利川《イチョン》物流倉庫で発生した火災で数十人がなす術もなく命を落とした。「安全不感症」〔安全に対する危機意識が低く、何の対策も講じないことを指す〕による大規模な事故が後を絶たない状況を見るにつけ、マニュアルを軽視する風潮がいかに危険であるかを痛感する。経験を教訓としてしっかり後世に伝えるマニュアルの力を無視してはならない。マニュアル主義にとらわれて柔軟さを失わないよう注意はすべきだが、原則主義からも学ぶことはある。

「すみません」の話法を通して見た日本文化——共同体の一員としての自己決意

日本で暮らすうちに「すみません」という言葉が口癖になってしまった。韓国語では「죄송《チェソン》합니다《ハムニダ》」と訳される言葉だ。日本ではさまざまな状況で便利に使われる表現なので、一日に何十回も口にすることとなる。

癖というのは、いったんついてしまうとなかなか抜けないもの。韓国に帰国したあとも習慣のように、ところ構わず「チェソンハムニダ」と謝っている。迷惑をかけたわけでもないのにやたらと謝らないほうがいい、と周りに注意されたこともある。実を言うと、何かと迷惑をかけてしまうのではないかと心配するような、慎み深い性格ではない。日本で「すみません」を連発していた勢いで、知らず知らず「チェソンハムニダ」が口から出ていただけなので、そういうときは、ただあいまいな笑顔で聞き流すしかない。

「すみません」、韓国語では「チェソンハムニダ」だけど……

日本で「すみません」の用法は実に多様だ。謝るときに使われることもあるが、体感的には、ありがとうの意味で使われることのほうが多い。もちろん「ありがとう」という言葉もあるが、多くの場合「すみません」で代用可能だ。だが、その二つの言葉のニュアンスはまったく同じではない。

たとえば、「今日の服、すごく似合ってる！」と褒められたときは、シンプルに「ありがとう！」と返すのが無難だ。だが、誰かがおいしいコーヒーを入れてくれたときは「すみません！」のほうがやや礼儀正しい感じがする。「ありがとう」でも問題はない。ただ、自分のためにわざわざ何かをしてくれた相手には、感謝と申し訳なさを同時に表す「すみません」のほうが、日本の文化ではより自然に感じられる。

また、飲食店で店員を呼ぶときや、店で品物の値段を聞くときなど、いきなり本題に入るのが唐突に思える状況でも、「すみません」でワンクッション置くことができる。「あなたの仕事の邪魔をして申し訳ない」と丁重に前置きする意味合いがあり、見知らぬ相手に声をかける際の心理的な負担も和らげられる。韓国では、飲食店で注文するときも「ヨギヨ」、店で品物の値段を聞くときも「ヨギヨ」、誰かに道を尋ねるときも「チョギヨ〔ヨギヨとほぼ同義〕」だ。日本では、それと同じく何にでもオールマイティに使える慣用句が、まさに「すみません」なのだ。

負債意識をやり取りしながら回っていく日本文化

日本人はなぜ、そんなふうにいろいろな場面で謝り、頭を下げるのだろうか？　実は、この習慣的な「謝罪の話法」に、相手に心から許しを請う謙遜の気持ちが含まれているとは言いがたい。むしろ、それとは正反対に、「人に借りを作りたくない」という自己満足的な考えがより強く作用している。

「すみません」は、「借りたものを返す」という意味の動詞「済む」の否定形で、字義どおりには「まだ借りを返せていません」もしくは「まだ終わっていません」という意味だ。また、この言葉の語源を「濁りがなく透きとおった状態になる」という意味の動詞「澄む」とする学者もいる。「私の気持ちがすっきりしません」との意味を含んでいるとする解釈だ。

日常的には、「恐れ入ります」「申し訳ありません」「悪いね」といった多様な謝罪の表現が、感謝の気持ちを表す場面で活用される。時に過剰に思えるほど丁重な謝罪の話法がしっかり定着しているのだ。多様な謝罪の話法の裏には、相手に借りを作ったという状況認識や、そのことで自分の気持ちが落ち着かないという情緒が遠回しに表現されていると見てもよい。

『菊と刀』の著者ルース・ベネディクトも、謝罪の表現がしばしば用いられる日本語独特の話法に注目している。彼女は、その根底には、日本人が互いに持つ強い負債意識があると解釈した。そして、まさにそのような心理こそが、共同体を持続的に維持していく重要な文化的原理であると主張したのだ。

日本の文化において、「誰かに助けてもらう」ことは「返さねばならない借りを負う」という意味に解釈される傾向がある。特に、目上の人でもない、対等な立場にある他人に助けてもらうのは、なんとも落ち着かないことなのだ。いつか返さなければならない「借り」ができたという意味だからだ。それゆえ、誰かに何かをしてあげることに対しても慎重にならざるを得ない。不必要な借りを負わせることになるため、どうしても必要でない限りは手を差し伸べないほうが賢明であるとも言える。

たとえば、日本では街なかで事故が起きたとき、集まった人々は積極的に関わろうとはせず、ただ傍観している傾向がある。これは、日本人が他人にことさら無関心だからというよりは、下手に出しゃばって相手に「不必要な借りを負わせ」たくないとの心理によるものだと、ベネディクトは主張している。実際に、江戸時代の日本には、人のけんかや口論に余計な口を挟んではならない、という法令があったという。他人の助けを「面倒な借り」と受け止める独特の文化的情緒が、そうした日常生活の規範を後押ししているという説明だ。

謝罪の話法と謝罪の行為は別物だ

日本の文化における謝罪の話法は、社会関係の中で発生する双方の義務と権利を互いに確認し合う文化的コードだ。「いつか必ず恩返しします」という、共同体の一員としての意思を表す象徴的な話法であると解釈することもできる。いつでもどこでもひとまず謝っておくこの話法は、日常生活ではポジティブな影響を及ぼすこともある。過剰に思えるほど謝罪の表現を乱発する日本語の話法を根拠とした、「日本人は礼儀正しい」という固定観念もある。道を歩いていてぶつかっても「すみません」、エレベーターに乗り込むときも「すみません」、初対面の人に声をかけるときにも「すみません」、まずは謝罪から入る対話法が、外国人には親切で礼儀正しい印象を与えるのは事実だ。

一方、韓国では、歴史問題についてきちんと謝罪しない日本社会を、融通の利かない強情っぱりと捉えてもいる。日常生活では謝罪の表現を好んで使いながら、いざ隣国に負わせた大きな被害に対しては心からの謝罪を表明していないのだから、眉をひそめたくなるのも当然だ。

これまでに日本政府が韓日の歴史について公式に言及したことがないわけではない。たとえば、一九九〇年、当時の明仁天皇が「痛惜の念を禁じ得ません」と遠回しに謝罪の意を表明したことがあるが、これは、まるで第三者のように韓日の歴史問題を批評したに過ぎず、真心のこもった謝罪とは言えない、との批判を浴びた。

謝罪とは一般的に、みずからの過ちを認めて相手に許しを請う行為を指す。だが、日本のすみませんという言葉は、そういう本質的な脈絡よりはるかに広範囲に使用されている。ある特定の行為についての過ちを認めるというよりは、共同体の一員として秩序を維持したいという自己決意のような話法だ。

そういう点から見ると、日常生活で「すみません」などの謝罪の話法が頻繁に用いられるからといって、日本社会に謝罪の慣行が根づいているとは言いがたいだろう。謝罪の話法と謝罪の行為は区別される必要がある。

歴代最長の総理にかける「お疲れさま」という言葉
——思いやりの文化が政治では毒となる

日本でもっとも長く総理の座についていた安倍晋三氏（連続在職日数二八二二日、約七年八カ月）の突然の辞任発表に対する日本社会の反応はさまざまだった［本稿は二〇二〇年九月二日に掲載された。二〇二二年七月、安倍氏は、選挙に立候補している自民党候補者の応援演説中、暗殺犯に銃撃され死亡した］。

長い在任期間中、後を絶たなかった側近の政治スキャンダルを厳しく批判するメディアもあれば、退任後の国政の空白を懸念する論客もいた。ネット世論を見ると「重職をみずから辞すことも責任感のある態度だ」との意外な好評価もあるが、何より「退任後は健康の回復に専念してほしい」という励ましや応援のメッセージが目立つ。新型コロナ対応での失敗など失政が目立ち、人気が急落していたものの、長きにわたって日本国民の信頼を得てきた政治家であることを実感する。

国内外の懸案が山積する中、公職を投げ出す姿には無責任だという批判が出てもよさそうなものだが、彼の退陣を、総理である以前に一人の人間として気の毒なことだと受け止める市民も少なくないようだ。安倍元総理がみずから辞任したのはこれが二度目だ。二〇〇六年に総理に選出されたのち、翌〇七年に健康の悪化を理由に辞任したことがある。今回も、表向きの辞任理由は健康上の問題だ。健康問題による退陣はすでに二度目なので、個人的には気の毒だという気もする。

だが、国を代表し国政を統率する総理となった以上、公人として責任を持って担うべき役割がある。退任発表直前の世論調査では在任期間中二番目に低い支持率（三二％）を記録するほど民意を失っていた指導者だ。にもかかわらず、辞任発表をめぐる一般市民の世論は意外と寛大だという印象は拭えない。

「敗者への配慮が勝者の品格」――相撲界の「ガッツポーズ」をめぐるハプニング

日本の格闘技、相撲では、最強の力士を「横綱」と呼ぶ。二〇〇〇年代には朝青龍というモンゴル出身の力士が土俵を席巻した。朝青龍は普段から、自由奔放で率直な言動で話題を集めていた。人々はその気さくな人柄を愛し、彼のおかげで相撲人気も高まっていた。

彼が優勝決定戦で難敵を倒した直後、両手を持ち上げて豪快な「ガッツポーズ」をきめたのが非難を浴びたことがある。一般的な格闘技の試合では、勝者が感激を表現するのは自然なことだ。ファンとしても、選手とともに勝利の喜びを噛みしめる、晴れやかな瞬間だ。ところが、彼の行動について、敗者への配慮が足りないという批判が上がったのだ。

相撲は日本を代表する「国技」とされるだけに、伝統と格式を重んじる。そのため、日本社会の伝統的な情緒がそっくりそのまま厳格な規律として作用した。敗者の面前で勝者の感激をあからさまに表現する行為は無礼だというのだ。ほかの力士たちの手本となるべき横綱として品格に欠ける、との不評も相次いだ。

彼のガッツポーズをめぐり、節制と礼儀を重んじる相撲の伝統に背くものではないかとの論争が巻き起こった。若いファンのあいだでは、率直さは今の時代の美徳なので、ガッツポーズをタブー視するような風潮は変わるべきだとの意見が多かった。だが、伝統を重んじる相撲界はビクともしなかった。敗者への礼儀を守らなかった朝青龍の不適切な行動に対し、協会から公式に問題提起がなされた。所属部屋の親方も呼び出され、厳重な注意を受けた。朝青龍が現役を引退したあと、相撲人気は以前ほどの勢いがない。伝統の名のもと変化を拒む、古臭い運営方式のせいではないだろうか？

ガッツポーズをめぐる滑稽なハプニングは、モンゴル国籍の横綱に対する排他的な情緒のせいで話が大きくなった、という側面がなくはない。ただ、日本では「敗者に配慮するのが勝者の品格だ」との考え方がすんなり受け入れられているのは事実だ。そういう考え方が、安倍総理の辞任に際しての温情的な世論を後押ししているように見える。なにぶん辞任の理由が健康問題なので、敗者と蔑まれるようなことではないが、それでも、政治家が自身に与えられた公的任務を最後までやり遂げられなかったのは問題だ。だが、なんとなく、総理は志半ばで無念にも公職を離れるというのに、それをとやかく言う必要があるのか、という雰囲気が感じられる。

仲間の労苦をねぎらう「お疲れさま」の情緒

安倍総理の途中降板を伝えるネットニュースには「お疲れさま」というコメントが多数書き込まれた。歴代最長総理の労苦をねぎらう、思いやりあふれる表現だ。この慣用句は実生活でよく使われ、用途も幅広い。字義どおり、大変なことをやり遂げた人の労をねぎらう意味でも用いられるが、実は、学校や職場で、友人や同僚との軽いあいさつとして使われることのほうがはるかに多い。「お元気ですか」と問う代わりに「お疲れさまです」と互いに励まし合う、カジュアルな表現なのだ。仕事上のメールでも、本題に入る前に「お疲れさまです」と一言添えるのがマナーとして定着している。

ところで、この慣用句を使うときは相手を選ばなければならない。日本文化では、部内者と部外者に対する社会的態度が厳格に区別されることが多い。その区別をしっかり守ってこそ、円満な社会関係を維持することができる。「お疲れさま」は部内者、つまり同じ集団に属する同僚や知人とのあいだでやり取りする言葉だ。初対面の人や顧客など、心理的距離のある部外者へのあいさつとしては不適切だ。顧客や取引先などに送るフォーマルなメールで使うのは失礼に当たる。言ってみれば、「お疲れさま」には、ただ相手の労をねぎらう意味だけが込められているのではない。同じ集団に属する構成員への親しみや同志意識のにじむ表現であり、同一集団に所属しているという連帯感をさりげなく確認する文化的話法でもあるのだ。

偏った思いやりが事の本質を見えにくくすることもある

昔の日本の犯罪記事では「殺人事件の被害者は必ず美女」という、笑えない笑い話があった。実際に犯罪の被害者には美女が多いという意味ではなく、被害者への同情心から美女という表現を用いて記事を書く、メディアの慣行があったということだ。

犯罪報道で被害者の容姿を描写するなんて、悪趣味極まりない。さらに、女性なら誰でも、美女という修飾語を褒め言葉と受け取るだろうという、旧時代的な偏見も反映されている。美女という修飾語をつけたからといって犯罪の本質が変わるわけはなく、むしろ事件に対する好奇心をあおるだけだ。記者としては亡き被害者に配慮したつもりかもしれないが、偏った思いやりが良い結果を生んでいるようにはとうてい思えない。

辞任する総理を気遣ってかける「お疲れさま」というねぎらいの言葉も、やはり釈然としないものがある。同志意識からくる温情的な思いやりは、政治家の功罪を冷静に判断すべき市民の役割を弱めてしまうのではないかと心配だ。ある野党の政治家が、二度も同じ理由で辞任する総理を出した自民党の危機管理能力について苦言を呈したところ、「持病のせいで辞任する首相への礼儀がなっていない」との非難が沸き起こり、安倍総理個人に謝罪せよという意見まで出た。

他人への思いやりを大事にする文化にはポジティブな面が多い。だが、思いやりも良し悪しで、偏った思いやりは事の本質を見えにくくする。特に、冷徹な批判こそが「薬」である政治文化において、温情的な思いやりは「毒」ともなり得るのだ。

オタク発祥の地、日本のマニア文化
――大衆文化の底力は多様性と自由さから生まれる

「オタク」という日本語は韓国でもよく知られている。漫画やアニメ、ゲームなど、ある分野に情熱を注ぎ込む人を意味する。「マニア」も同じような意味の言葉だが、オタクはそのワンランク上を行く。専門家をも凌駕する情報収集力や見識を誇る、熱狂的なマニアを指す。

　好きなアニメの作画監督が第◯話から替わった、などという制作陣の内情に通じていたり、RPG〔ロールプレイングゲーム〕の中の「イースターエッグ」（開発者がゲームの中に隠しておいたメッセージや機能）を見つけ出したりするなど、普通の消費者には想像もできないようなレベルの情報を熟知している。膨大な知識と行動力をもとに独創的なファン文化を作り上げたりもする。たとえば、今では世界じゅうの多くのファンが楽しむ「コスプレ」も、漫画やアニメの登場人物を現実世界で再現する、オタクの遊び文化から始まったものだ。

　オタクは本来、親しくない相手に軽く呼びかけるときの呼称だ。日常的にあまり使われることのないこの呼称がマニアのアイデンティティとなった経緯については諸説ある。一九八〇年代を風靡した伝説的なSFアニメ「超時空要塞マクロス」の登場人物たちが互いを「オタク」と呼んでいたことから始まったという俗説もあれば、ある大衆文化の評論家が、漫画やアニメにのめり込む若者たちがネット上で互いを「オタク」と呼んでいる現象に注目し、「彼らはオタクだ」と揶揄《やゆ》したことからアイデンティティへと進化したという定説もある。

経緯がどうであれ、今では、熱狂的なファン文化の象徴として全世界的にオタクという言葉が使われている。英語圏でも、日本の漫画やアニメの熱狂的なファンを「otaku」と呼ぶ。韓国でも、特定の分野の熱狂的なファンを「オドク」や「ドック」、彼らの熱烈な活動「オタ活」のことを「トクチル」と呼ぶが〔「オタク」を意味する「덕（トク）」に、「질（チル）」＝「繰り返す動作や行為」を組み合わせた造語〕、これらも日本語の「オタク」を韓国語ふうにうまくアレンジした言葉だ。

増える若いオタク、多様化する好み

日本の若い世代にとってオタクは非常に親しみのある概念だ。大学の新入生を対象とした授業で「自分がオタクだと思う人は手を挙げて」と言うと、受講生の半分以上がサッと手を挙げた。あどけない新入生の多くがマニア並みの趣味活動をしているという事実も印象的だったが、教授やほかの受講生たちの視線が気になるであろう講義室で、オタクというアイデンティティを堂々と明かす若者がたくさんいるという点も意外だった。

スマートフォンからYouTubeまで多様なデジタルメディアが常に身近にある大衆文化全盛期なので、さまざまな分野でマニア層が厚くなっていることには驚きはない。だが、自分はオタクだと公言する人が増えたのは、意外と最近のことだ。かつては、多くのオタクたちがネットの掲示板など匿名の空間でひっそりと活動することを好み、アイデンティティをさらけ出すのを極度に嫌がっていた。

一九九〇年代まで「オタク」は、公共放送で使用してはならない「放送禁止用語」の一つだった。それくらい、オタクに対する社会的な認識は否定的だったということだ。漫画やアニメが好きな子どもっぽい男性、漫画本やビデオテープが山のように積み上げられた部屋から出ようとしない非社交的な人間、というのが典型的なオタクのイメージだった。

長らく「オタクの聖地」と呼ばれていた秋葉原は、肥満体型に脂ぎった髪、チェック柄のシャツの裾をジーンズの中に入れている若者たち、つまり異性としての魅力がまるでない「ルーザー（敗者）」たちの徘徊する場所として描写されることが多かった。マスメディアも否定的な認識を後押しした。猟奇的な犯罪の容疑者は「オタク的」な性向がある、といった報道の仕方がしばしば見られた。そうした状況下では、厄介な先入観に苦しめられないためにも、オタクのアイデンティティを隠しておくほうが、はるかに楽だったのだ。

最近になって雰囲気がずいぶん変わった。昔は、オタクといえば十中八九男性だったが、今は女性のオタクも増えた。漫画やアニメ、ゲームなどにのめり込む正統派オタクだけでなく、

「アイドルオタク」や「K-POPオタク」、「ファッションオタク」など、以前とは比べ物にならないほど多様化した。最近の大学生の六〇%が「自分にはオタク気質がある」と認識し、女子高生の八〇%が「オタクという言葉に好感を持っている」と答えた世論調査の結果もある。

若いオタクが増え、「推し活」の内容も多様になったことで、陰気で閉鎖的という社会的な偏見もかなり薄れた。オタクを自称する大学生たちと話をしてみると、自分の好きなものに没頭したいという一途な欲望がひしひしと伝わってくる。画一的な集団生活や、周りに迷惑をかけてはならないという強固な秩序意識から抜け出したいとの気持ちもあるだろう。誰に強要されることなく、ひたすら自分だけの関心事を心置きなく追求することこそが、オタクの本質なのだ。

大衆文化は多様性と自由さが力、国家権力とは距離を置くべき

日本の大衆文化は、一九八〇年代から早々と海外でも注目を集めていた。日本の漫画やアニメ、ゲームなどは、アジア圏のみならず欧米を含む全世界でファンを量産し、大衆文化のジャンルでかなりの存在感を放ってきた。アメリカのマニア文化の原点と言えるSF映画「スター・ウォーズ」を作ったジョージ・ルーカス監督をはじめ、ハリウッドのスターたちは、自身をオタクだと公言するなど、日本の大衆文化への愛を隠さなかった。実際に、当時の日本の大衆文化は独特の個性と優れた完成度を誇っていた。その背景に、それらジャンルを持続的に消

費し、惜しみなく応援してきたオタクたちの力があったことは否定できない。社会的には「社交性のない変わり者」というネガティブな認識があったが、オタクは日本の大衆文化を牽引する力だったのだ。

二〇一〇年、日本政府は「クールジャパン戦略」を意欲的に推進しはじめ、それに伴ってオタク文化も再評価されている。クールジャパン戦略は、映画や漫画、アニメなどの大衆文化商品を積極的に活用して国家ブランドを高めようという国際PR戦略で、海外からの観光客誘致による経済復興を狙った「アベノミクス」の重要な柱だった。この戦略を進める中で、かつては「のけ者」扱いされていたオタク文化が突如として、世界に誇る日本文化の代表選手に指名されたのだ。マスメディアも率先して、オタクこそが日本の未来を担う文化的リーダーであり、自国文化を情熱的に愛する愛国者であると再評価しはじめた。

そのような雰囲気の変化に対する、当のオタク当事者たちの反応はそっけない。あくまでも個人的な好みや個人の情熱から始まったファン文化がいきなり国家戦略の代表選手だと言われても、手放しでは喜べないのだ。実際、クールジャパン戦略は、いたずらに税金を浪費しただけの失策だ、との批判にさらされている。大衆文化のコンテンツを海外に輸出するための巨大な組織ができただけで、目に見える成果はほとんどなかったからだ。

日本のオタク文化が成長できたのは、冷ややかな社会的評価などものともしなかったマニアたちの純粋な愛情のおかげだ。言ってみれば、権力の関心外にあったおかげで、独創的なファン集団として成長することができた。ある意味、国が出しゃばらないことこそが良策なのだ。大衆文化のように多様性や表現の自由を要とする領域においては、なおのことだ。

◆日本の若者たちと『82年生まれ、キム・ジヨン』を読む

『82年生まれ、キム・ジヨン』について話がしたいという日本の教え子たち

若者層の主導するインターネット文化を研究する私にとって、大学はまたとない研究の場だ。立場上、学生たちとあれこれ意見を交わす中で、日本の若者たちは何が好きなのか、何に悩んでいるのか、また、変わりゆく社会は彼らにとってどういう意味を持つのかを知ることができるからだ。

少し前、ある卒業生からメールが届いた。優れたユーモアセンスの持ち主である彼女は一時期、お笑い芸人になることを夢見ていたが、趣味を職業にはしたくないという自分なりの考えでその夢は諦め、ベンチャー企業に就職した。昨年は、昇進スピードの速い新生の企業らしく、入社一年目でマネージャーになったという、うれしい知らせも聞かせてくれた。

ところが今回のメールは意外にも、小説『82年生まれ、キム・ジヨン』〔邦訳書は斎藤真理子訳、筑摩書房〕を

読んでいろいろ考えるところがあったという、ちょっと真面目な内容だった。卒業前だったら本について先生と話をしてみたかった、と残念そうだ。日本でこの小説がベストセラーになっているという話はかねがね聞いていたが、意外だった。

実際に生活しながら肌で感じるところでは、日本でも性役割についての社会的認識は大きく偏っている。「男は仕事、女は家庭」という認識が根深い。大企業などの組織では、女性は男性の補助的な役割をするのが一般的だ。韓国のように親が献身的に育児を手伝ってくれるという状況は期待できないため、多くの女性が出産を機に退職する。マスメディアは「いいお嫁さんになるには料理上手でなければ」「いい女は、三歩下がって男を陰で支えるものだ」といった「問題発言」を繰り出している。

にもかかわらず、日本の若者が男女平等や男女差別に対して強い問題意識を表明することは稀だ。数年前、日本の地方議会の女性議員が、公共の場に育児のための空間が不足していることへの抗議の意味で乳飲み子を抱いて議会の本会議場に入ろうとしたところ入場を禁じられたことが話題となった。この件について授業で討論したのだが、女子を含む学生の七〇%以上が「議場に入れるのは議員のみとする規則に違反している以上、入場禁止は妥当だ」という保守的な意見で、落胆したことがある。

女性ゆえに感じる差別——社会人一年生の息苦しさを吐露した読書討論会

そういうわけで、『82年生まれ、キム・ジヨン』について話がしたいという卒業生の言葉は、新鮮な衝撃だった。彼女はどんな観点で小説を読んだのだろうか。韓国社会を代弁する物語であるという点で興味を覚えたのだろうか。それとも、社会人になってようやく、アンバランスな性役割を認識したのだろうか。せっかくなので一日時間を取って、本の感想を共有する場を設けることにした。彼女を含めこの本を読んだという卒業生数人と、卒業論文を指導中の在学生数人とで、ちょっとした読書討論会を開いた。意図したわけではないが、参加者は全員女性だった。

読書討論会は思ったより真剣な雰囲気だった。卒業生たちは「地方勤務を希望したが、女性だという理由で上司に断られた」とか、「女性のための勤務環境は良いほうだが、管理職が全員男性なのはおかしい」といった意見など、社会人一年生が感じそうな差別や不安について話をした。在学生たちも過去の経験を打ち明けた。高校時代、男子同級生からストーカー被害を受けた女子生徒が、取り調べの場で「君が誘惑したんじゃないの？」と心ないことを言われた挙げ句、学校を辞めざるを得なくなったという話や、親は弟には洗い物すらやらせないのに、自分にはいつも「女の子なんだから家事を手伝いなさい」とガミガミ言っていた、といった話が出た。

一方では、「女性ゆえに経験することを常に否定的に考える必要があるのか？　女性ならではの良い点もたくさんあるのでは？」「お母さんについてあらためて考えるきっかけになった。お母さんはどんな気持ちで生きてきたんだろう？」というような話も出た。お母さんにはこの本を勧めたくないという正直な意見もあった。夫と子どものためにすべてを捧げて生きてきた自分の人生を否定されたように感じるかもしれないから、という理由だ。読書討論会は「世の中の不当なことには堂々と意見を言おう」という、あいまいな誓いとともにお開きとなったが、久しぶりに心の内を吐き出したようで、みんなスッキリした表情だった。

何より印象的だった場面は、『82年生まれ、キム・ジヨン』を読んだとメールを送ってきた例の卒業生が「本当に久しぶりに心の中の正直な思いを全部吐き出した」と言って、にっこり笑った瞬間だ。女性ゆえに感じる差別の息苦しさに加え、縦割りの企業文化の中で、あふれるユーモアセンスや個性を押し殺さなければならない社会人一年生の立場も、彼女にとっては相当な束縛なのかもしれないと思った。

韓国では何かと大きな話題となるこの小説については、あえてここで批評する必要もないだろう。ただ、この物語がなぜ日本の若い女性の共感を呼ぶのかについては考えてみる必要がある。韓国も日本もジェンダー平等に関してはともに課題が多いとはいえ、具体的な状況を見てみると異なる点も多いからだ。

たとえば、男児選好のため、生まれてくる子どもの性比に顕著な差があるとか、盆正月のたびに嫁が嫁ぎ先でこき使われるとかいった韓国の状況は、今の日本社会とはずいぶん異なっている。小説で描かれているそうした状況は、韓国の読者にはピンときても、日本の読者にとっては心から共感するのは難しいだろう。日本の若い女性たちはそれよりもむしろ、日常生活で感じる大小さまざまな負担や違和感は「抑圧」なのだと、堂々と、そして率直に宣言しているところに、胸のすく思いがするらしい。

平凡さの中に潜む大小さまざまな抑圧に対する共感

男性中心の社会であれ、企業の縦割りの秩序であれ、決められた答えと誠実さが求められる学校であれ、はたまた、ＳＮＳで「いいね」を押さなければならないという無言の圧力であれ、社会は、多様かつ奇抜な方法で個人を枠に押し込める。日常生活を絶えず締めつけてくるそうした抑圧に怒りを表現する機会はあまりない。「昔からそうだったから」あるいは「みんなそうだから」という理由で、素直に従うことを求められるからだ。日本には「空気を読む」という表現がある。集団の全体的な方向性や雰囲気を把握することが、社会人の成熟したマナーとして要求されるのだ。

そういう状況で、日常で感じるちょっとした不条理にいちいち怒りを表明するのは容易ではない。大人げないという視線に耐えるか、「変わり者」や「アウトサイダー」という不本意な生き方を選ぶことになるからだ。『82年生まれ、キム・ジヨン』は、女性ゆえに経験する差別的状況への憤りを代弁しているだけでなく、「空気を読む」という美徳の重圧に抑えつけられてきた苦しみを社会問題として断罪する解放感を与えてくれる。まさにそういう点が、韓国社会とは異なる文化的背景やジェンダー感受性を持つ日本の若者たちの共感を呼んだのではないだろうか。

「女性キム・ジヨン」には共感しない人も多いという。同じ女性だが自分はそういう経験をしたことがないという人もいれば、男性としてのつらさもわかってほしいという人もいる。だがそういう人たちも、「人間キム・ジヨン」が家庭で、職場で、あるいは街で遭遇した小さな暴力や違和感には共感を覚えるだろう。韓国人だけでなく日本人も、女性だけでなく男性も、日常生活で、人の顔色をうかがい自分を押し殺す息苦しさを感じたことがあるだろう。平凡さの中に潜む大小さまざまな抑圧に対抗すること、それこそが文化的連帯ではないだろうか?

第3章　韓国という鏡に映して見た日本文化

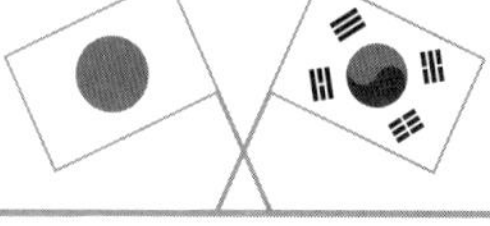

妻はなぜ夫の不倫を謝罪したのか？——韓国の「ウリ」と日本の「うち」

日本社会が、有名芸能人夫婦の不倫スキャンダルで騒がしい。爽やかなキャラクターで人気のあった男性お笑い芸人が一五歳年下の有名俳優と結婚したところまではよかったが、結婚生活もまだやっと三年を過ぎたばかりの時点で、複数の女性と不倫していた事実が週刊誌で報じられたのだ。人気芸能人にまつわるドロドロ愛憎劇のような実話に、放送業界もSNSも大騒ぎとなった。不貞を働いた本人は過ちを認め、出演中のすべての番組を降板した。

ところが、彼の妻が唐突に「主人の無自覚な行動により多くの方々を不快な気持ちにさせてしまい、大変申し訳ございません」という謝罪文をSNSに載せたのだ。それに対して「悪いのはあなたではない」「なんとか危機を乗り越えてほしい」との応援メッセージが多数書き込まれているという。

俳優は人々の関心にさらされるのも仕事のうちとは言うけれど、プライベートに関する問題で公に謝罪する行為には首を傾げたくなる。何より、配偶者の不倫で一番傷ついたはずの当事者が人々に頭を下げるという状況は、主客転倒のように思える。韓国でも、芸能人夫婦の醜聞が人々のあいだで噂になることはあるが、被害者の立場にある配偶者が謝罪文を出したという話は聞いたことがない。だが、日本ではよくあることだ。韓国人には不可思議に思えるそうした行動の背景には、「うち」と呼ばれる日本独特の共同体感覚がある。

似ているけれど違う「うち」と「ウリ」

日本の「うち」は、家族や友人など身近な人たちを指すという点では韓国の「ウリ」と同じような概念だが、日常の中の共同体感覚という側面では異なる点が少なくない。韓国の「ウリ」は、私的な交流や親しさで結びついた人々、との意味合いが大きい。それに比べ、日本の「うち」は公的なニュアンスが強い。夫婦や家族、友人間の関係だけでなく、会社や団体など集団に所属していることも、「うち」という共同体の一員であることを意味する。

「うち」が「ウリ」と明確に区別される特徴は、個人と共同体のアイデンティティが同一視されるという点だ。この違いが決定的に表れるのが敬語の使い方だ。日本では、相手が外部の人である場合、「うち」の人のことは自分より目上であっても容赦なく低めて話すのが礼儀だ。韓国では「お父様がお食事を召し上がっていて……」や「わが社の社長様がおっしゃっていたのですが……」と敬語を使うのが自然だが、日本では「父が食事をしていて……」あるいは「弊社の社長、鈴木の方針は……」のように低めて話すのが正しい話法だ。

基本的に「うち」と「私」の社会的地位は同等とみなされるため、日本語で自分の父親を高めて話すと、まるで「わたくし様がお食事を召し上がった」と、自分に敬語を使っているような不自然な印象を与える。

また、「うち」の過ちはすなわち「私」の過ち、という公式も成立する。共同体の構成員の過ちに対し連帯責任をとるのは、「うち」の分別ある大人の態度だ。それゆえ、配偶者の過ちは夫婦がともに反省すべきもの、構成員のミスは会社全体で責任をとるべきものと考えられるのだ。

韓国にも、「ウリ」でくくられる親しい人に対して連帯責任を問う情緒が、ある程度は存在する。だが、連帯責任を負うかどうか、どのあたりまで負うかについては、各自の道徳的基準に従って個人が判断するものと考える傾向が強い。それに比べ、日本の文化では「うち」に対する連帯責任は一種の社会的規範となっている。「うち」に対する強い責任意識が、信頼できる社会人の必須条件なのだ。

それゆえ、先に紹介した芸能人夫婦のように、被害者が謝罪するという奇妙なケースが発生する。芸能人は、プライベートなことが外部の活動に大きな影響を及ぼす特殊な職業だ。私的なことに対して公的に責任をとらねばならないというジレンマがある。私的には不倫のせいで傷ついたとしても、公的には、配偶者の非に向き合う「成熟した」社会人の姿をアピールする必要があるのだ。夫のための犠牲を妻の美徳とする家父長制的な考え方も影響していただろう。

日本人が内向的に見える理由

「ウリ」の反対の概念である「ナム」も、日本では、それぞれ微妙にニュアンスの異なる「そと」と「よそ」という二つの概念に分けられる。「うち」に属していない部外者のうち「そと」は、社会的に良い印象を与える必要のある相手を指す。ビジネスパートナーや仕事上の顧客、子どもの通う学校の先生など、社会的な利害関係で結ばれている人たちだ。一方、「よそ」は、社会的交流が一切なく、今後もその可能性のない相手を指す。道ですれ違った人や見知らぬ人などが該当し、外国人もこの範疇《はんちゅう》に入るとみなされる。

　あえて「そと」と「よそ」を区別するのは、社会的態度や期待感が異なるからだ。「そと」に対しては礼儀正しく振る舞い、相手も丁重に接してくれることを期待する。互いに信頼に足る社会人であることを示す必要があるからだ。一方、あえてそうする必要のない「よそ」に対しては無礼な態度をとることもある。ビジネスの関係では過剰なほど親切な日本人が、通りや電車の中で出会った人には無関心だったり、時には冷たい態度をとったりすることもある。意図的に相手を選んで行動しているというよりは、「そと」と「よそ」に対する態度の違いが無意識に現れているのだ。

　韓国の文化では「ウリ」と「ナム」の境界はさまざまに変化する。以前は「ナム」だった人が「ウリ」として結束することもあるので、最初から人間関係に線を引いて、のちのち不利になるような状況をわざわざ作る必要がないのだ。初対面の人にも気軽に年齢や出身地を尋ねて自分との共通点がないかを探り、少し親しくなると「ヒョン〔兄さんの意〕」、トンセン〔弟の意〕」と呼び合って仲良くしよう」「オンニ〔姉さんの意〕」と呼んでもいい？」などと距離を縮めようとする。韓国の文化ではしばしば見られるそうした社交的行動は、「ウリ」の範囲を積極的に広げようとする意図とも読める。

それに比べ、日本の「うち」「そと」「よそ」を分かつ壁は高く、個人的な社交術や話術で乗り越えるのは容易ではない。結婚や入学、就職、開業といった公的なきっかけなしに「うち」の共同体に加わるのは難しい場合が多く、それゆえ、私的な人間関係を広げることにはやや消極的だ。外国人の目に、日本人が内向的、シャイだと映るのはそのためだろう。見知らぬ人との壁を壊す方法よりも、決められた人間関係の中で適切に行動する方法を模索してきた文化的習慣が反映されているのだ。

それぞれの文化にはそれぞれの課題がある

ダイナミックさや人間味にあふれる韓国の文化に比べ、日本の人間関係は冷たくドライだと感じる読者がいるかもしれない。だが、どちらのほうが良い、悪いと評価することはできない。他人との距離をいきなり縮めようとする積極的な社交文化が負担だという韓国人は意外と多いし、「そと」に対しては丁重に接するべきという礼儀作法が窮屈だという日本人も少なくない。

韓国社会では、情の深い人間関係が、期せずして地域感情（慶尚道（キョンサンド）と全羅道（チョルラド）など、地域間で見られる政治的な対立感情。地域主義）を刺激するという逆効果を招くことが少なくなかった。特に「ウリガナミガ（仲間じゃないか、の意）」精神が政治や資本など権力に近いところに根づいたという点は、批判的な目で省察する必要がある〔本来は「困ったときはお互い様、助け合おう」という意味の言葉だが、一九九二年の第一四代大統領選挙の直前、慶尚道出身の法務部長官（当時）が非公式の場で「（慶尚道出身の）候補者の得票のためには人々の地域感情を焚きつける必要がある」との趣旨で用いたことが発覚し、地域感情を扇動したと大問題になった〕。一方、日本社会では、「よそ」に対する冷淡さが、外国人への根深い反感や差別を合理化してしまうケースがしばしばある。コロナ禍以降、「よそ者」に対する日本社会の情緒的な距離感がますます大きくなっているのではないかと気がかりだ。それぞれの文化にはそれぞれの課題があるということだ。

日本の時計はのんびり進む――韓国の「パリパリ」精神と日本の行き過ぎた完璧主義

ドタバタの九月が終わった〔本稿は二〇二〇年九月三〇日に掲載された〕。ちょうど新学期が始まったというのもあるが、複数の原稿の締め切りが重なって戦争のような一カ月だった。毎日が戦いだという、会社や店の仕事とは違い、論文や本を執筆する仕事は、一歩一歩前に進むカメのようにのんびりしたプロジェクトだ。長い時間をかけて調査し、考え、文章を書き、修正を繰り返しながら原稿を仕上げていくのは、別の意味でつらく厳しいものだ。迫りくる締め切りに一つひとつ対応しながら、研究者の時計は外の世界とは違う速度で動いていると感じた。韓国と日本を股にかける研究者ゆえ、締め切りひとつとっても、両国の時間感覚がまるで違うのを実感することが多い。

今回完成させた原稿は、日本で発行されている学術ジャーナルの特集号に投稿する論文だ。人類学者の仲間数人から「アジアの消費文化」についての特集を一緒にやってみないかと提案されたのは四年前で、当時は刊行目標の二〇二〇年がはるか遠い先のように感じられた。年に二回集まって研究成果を共有する研究会を開き、互いに助言し、励まし合った。初稿を完成させたのは一年半前のことで、その後ピアレビュー（学術的な著作物に対し匿名の研究者仲間が審査する過程）を経て、修正原稿を提出した。幸い、審査がスムーズに進んだので、あと一度だけ校正すれば、年末あたりにはジャーナル特集号に論文が一本掲載されるはずだ。

この四年間で「アジアの消費文化」も変化したはずだが、時間をかけてじっくり取り組んでいたため、最新動向についての分析は盛り込めなかった。けれど、時間が経ってから読んでも意味のある充実した特集になったし、仲間と頭を突き合わせ綿密に検討する過程からは学ぶことがたくさんあった。

韓日両国で経験した論文の執筆──締め切りの時計が違う

韓国でも、学術ジャーナルの特集を編む際の手順は同じだ。同じテーマで意気投合した研究者たちが研究会で成果を共有し、原稿を書き、審査を受ける。だが韓国では、物事の進んでいくスピードが、日本とは比較にならないほど速い。私は韓国の学術ジャーナル特集号にも論文を投稿したことがある。かなり重みのある理論的なテーマだったが、初回の研究会からインターネット上での公開まで半年もかからなかった。

ピアレビューの結果がメールで届いたときは、文字どおり「パニック」状態だった。日本でなら少なくとも一カ月は与えられる修正期間が、わずか一週間もなかったからだ。ほかの予定をキャンセルし、睡眠時間を削って、締め切りまでになんとか原稿を提出したものの、時間に追われて修正したので満足のいくものではなかった。

結果的には、最新の研究課題も提示された興味深い特集号が出来上がった。結果は悪くなかったが、プロセスには残念な点が多かった。スピード感のある研究にも利点はあるが、仲間の助言をもとにあらためて考えを整理し他人の意見を反映させていく作業には時間が必要だ。原稿に手を入れる時間の余裕が少しでも多く与えられていたら、もっと良い論文が書けただろう。

論文の締め切りの時計だけが違うわけではない。昔住んでいた日本の家の近くで公園の造成工事がおこなわれていたのだが、そこで暮らしていた二年のあいだに完成した姿を見ることはなかった。地下鉄の駅の補修工事も、いったん始まると一年以内に終わるケースはほとんどない。論文の締め切りもゆっくり、工事もゆっくり、日本の時計は韓国に比べてのんびり進む。

どれも同じ「のんびり」ではない

暑い地域では、人々の性格はおおむねのんびりしている。歩く速度もゆっくりで、仕事のペースもスローだ。なにしろ暑いので、せっせと動くとすぐ疲れてしまうし、人との感情的な衝突も起きやすくなる。そういう社会での「のんびり」は、ともに暮らすための美徳なのだ。また、プライベートな生活をエンジョイするのが何よりの幸せ、という社会もある。そういう社会では、私生活を放棄してまで勤勉に働く「アリの人生」は無意味だという価値観が広まっている。社会はゆっくり回っていき、発展も遅いけれど、人々の表情は穏やかだ。そこでの「のんびり」は、より幸せな人生のために甘んじて受け入れる不便さだ。一口にのんびりと言っても、どれも同じ「のんびり」ではないのだ。

日本社会の「のんびり」は、何事も徹底してやろうとする完璧主義からきている。新しいことを始める前には、まず「時計」を止める。あらゆる可能性を綿密に分析し、先々起こり得る予期せぬ状況にあらかじめ備えておかないことには落ち着かない。ひとたび事が始まると「時計」が動きだしはするが、何事にもディテールを重視するため、せっせと動いているわりに、なかなかはかどらない。良く言えば徹底していて、悪く言えば効率が悪い。日本では、結果よりもプロセスやディテールを重視する傾向があるのだ。

たとえば、東京に、予約の取れないことで有名な寿司屋がある。高級店に比べると手頃な値段ですばらしい寿司が食べられると評判で、人気沸騰中なのだが、なんと席が三席しかないという。ネット上の最新の噂によると、現在、八年後でないと予約が取れないそうだ。目まぐるしく変化するこの世の中で、八年後とは！　来店客が多いなら店を広げるなり、売上を上げるための工夫をするなりしてもよさそうなものだが、大将は「三人のお客様だけに最上のサービスを提供したい」と、初心を曲げようとしない。

日本で暮らしはじめたばかりのころは、こののんびりした完璧主義になかなか慣れなかった。振り返ってみると、私自身にも、できるだけ速く結果を出すのが良いという考え方が、意外と深く根づいていたようだ。実際、スピードと勤勉さを重視する韓国では、のんびりしているというと、怠けている、効率が悪い、といったネガティブな言葉を思い浮かべがちだ。だが、日本の「のんびり」は別の文脈で読む必要がある。寿司屋の大将の頑固さは、怠けているのとはわけが違う。むしろ、完璧主義を追求する勤勉さからくる「のんびり」なのだ。

韓国の「パリパリ」文化と、日本の行き過ぎた完璧主義

新しいことはとりあえず始めてみて、ひとたび始めたことは早く終わらせないと気が済まない韓国社会の情緒を「パリパリ〔早く早く〕文化」と言う。実際に韓国では、空港に到着した瞬間からスピードがケタ違いだ。ほかの国ではゆうに一時間はかかる入国手続きが一五分で終わり、自動車は混雑する道路をアクロバットのように疾走する。出前を注文すれば三〇分以内にアツアツの料理が届き、オンラインのショッピングモールで朝注文した商品が夕方には玄関先まで配達されている。まるで「パリパリ」が、急激に変化する社会での成功の秘訣であるかのような様子は、徹底さを追求するあまりタイミングを逃す日本とは対照的だ。

韓日合同のインターネットサービス業者の開発者が聞かせてくれた話によると、仕事に対す

る時間感覚が韓日で違うせいで意見が対立することもあるという。あるとき、業務上のトラブルがあり、企画やマーケティングの部署と約束していた期日までにサービスの開発を終えられない、という事態になった。韓国の開発者たちは口を揃えて「不完全でもとりあえずサービスの運用を開始し、一つずつ修正していこう」と主張したが、日本の開発者たちは「ほかの部署に迷惑がかかっても、運用開始を遅らせるべきだ」という意見。さて、どちらの意見を採用すべきだろうか？

不完全でも運用を開始しようという韓国人開発者の主張は、業務への積極的な姿勢と瞬発力はすばらしいものの、欠陥のあるサービスを利用することになる消費者の立場からすると無責任だ。一方、完全に準備が整うまで運用開始を遅らせようという日本人開発者の主張は、完璧主義を追求する徹底した態度は称賛に値するが、業務上発生する効率の悪さも無視できない。つまり、こちらが良い、あちらが正しいという問題ではなく、タイミングとディテールのどちらを選択するのか、という問題なのだ。

韓国の「パリパリ」精神と日本の行き過ぎた完璧主義、どちらにも長所、短所がある。とはいえ、やはり母国がもっと良い国になってほしいとの思いから、「パリパリ」文化による負の面を抱えている韓国社会にあえて苦言を呈したくなる。ソウル中心部を流れる清渓川《チョンゲチョン》を覆っていたコンクリートの撤去工事が二年で終わったという話を聞いた日本の知人は「二〇年かかったと言われても納得の工事が二年で終わったとは驚きだ」と舌を巻いた。その「驚くべきスピード」の結果、工事中に発見された貴重な文化財は毀損《きそん》され、造景工事は散歩する人たちが眉をひそめるほどのやっつけ仕事だった。

実際、韓国社会が直面している多くの問題は、「パリパリ」を追求するあまり「テッチュンテッチュン」〔適当に、いい加減に、の意〕を正当化するようになったことに端を発しているのではないのか。日本の時計はのんびりだと言う前に、韓国の時計が速すぎるのではないかと、振り返ってみる必要がある。

おもてなしと情――韓国と日本、互いに異なる歓待の文化

数年前のことだ。日本に遊びにきた友人夫婦を連れて、車で二時間の旅館に泊まりにいった。温かい温泉に浸かり、一晩ゆっくり休んだところまではよかったのだが、東京のホテルに戻ってきたあと、二人が旅館にパスポートを置き忘れてきたことが判明した。翌朝の飛行機で帰国する予定だったのでどうしたものかと頭を抱えていたところ、その危機的状況を伝え聞いた旅館の人が使いをよこし、夜遅くにホテルまでパスポートを届けてくれた。おかげで二人は無事に帰国することができた。配達費用を支払おうとしたが、旅館の主人は、これもサービスのうちですからと、頑として受け取ろうとしなかった。費用もさることながら、山深い温泉宿から

東京まで届けにいく人を急に探すのは大変だったはずだ。今思い返してもありがたいことだ。

日本の店は親切だ。もちろん、長年暮らすうちには不快な経験をしたこともあるし、不親切な店員にあたったこともある。だが、ほかの国での経験と比べると、日本では客への対応がおおむね親切で丁重だ。デパートで何か買うと、店員は、商品を入れた紙袋を持って売り場の入り口まで見送りにきてくれる。最初のころは、たかだか数千円の物を買っただけでそこまでされるのは、どうも落ち着かない気分だった。また、日本のほとんどの飲食店では、客一人ひとりに個別に料理が出される。韓国のようにおかずを分け合って食べる必要がないので衛生的だ。寒い冬には、会計を済ませて店を出る客のコートのポケットに使い捨てカイロをそっと入れてくれる親切な店主もいる。

韓国でも最近は、何かにつけて親切な態度、いわゆる「サービス精神」が強調される雰囲気がある。だが、日本での親切さや細やかな心配りに慣れているせいか、韓国では店員の口調がぶっきらぼうに感じられることも多く、サービスが行き届いていない点もやけに目につく。

おもてなし――自己満足的な歓待の文化

「おもてなし」は「真心を込めた手厚い接遇」を意味する日本語だ。二〇一三年に、日本政府が東京オリンピック誘致キャンペーンで使用して話題となった言葉でもある。フランス人の父と日本人の母を持つ異国的な風貌の女性アナウンサーが、「お、も、て、な、し」と一文字ずつ切って読み、その意味を流暢なフランス語で説明するという異色のプレゼンテーションをおこなった。おもてなしをキーワードに、東京が海外の観光客にとって安全で魅力的な都市であることをアピールする演説だった。

日本では、この印象的なプレゼンテーションがオリンピック誘致の最大の功労者と評価されているが、文化研究者の立場からすると、どうも後味が良くなかった。日本の伝統文化と西洋の高級サービスでみなさんをお迎えしますという、東洋と西洋に対する従来の偏見をそのままセールスポイントとして打ち出した点も釈然としないし、異国的な風貌の女性を代表演者に据え、わざわざフランス語でプレゼンテーションをするなど、文化的事大主義と偏見にまみれたPRに見えたからだ。

ともかく、東京オリンピック誘致の過程で、おもてなしという言葉は多くの人の印象に残ったようだ。日本式の歓待を象徴する概念として海外でも注目されるようになり、観光大国を目指す日本国内でも重要なものとされている。

おもてなしはただ単に手厚い接遇を意味するわけではない。客の期待値をはるかに上回る、想像以上の満足を提供しなければならない、という隠れた意味がある。たとえば飲食店なら、おいしい料理や清潔な空間、親切な対応を提供することからさらに一歩進んだ細やかな心配りがあって初めて、おもてなし精神を実践したと言えるのだ。客それぞれの嗜好や食材の好き嫌いを把握しておいてその人好みの料理を出すとか、客に喜ばれそうなサービスを言われずとも提供するといった並外れたレベルが要求される。日本のすべての店がおもてなしを忠実に実践しているわけではないが、究極のサービスが求められる雰囲気があるため、どの店も全般的に親切なのは事実だ。

だが、そういう親切が必ずしも良いとは限らない。親切が過ぎ、かえって負担になるケースもあるからだ。たとえば、格式のある旅館では宿泊客を丁重に見送るのが慣例だ。従業員が旅館の入り口に並んで、客の姿が見えなくなるまで手を振ってくれることもある。個人的にはそういう特別なサービスに対し、ありがたい気持ちより申し訳なさが先に立つ。次に向かう目的地を確認したり、のんびりそのへんをぶらぶらしたりしたくても、笑顔で手を振りながら立っている従業員たちに申し訳ない気がして、そそくさとその場を立ち去ることになる。

おもてなしという概念には、親切を一種の「技術」と捉える独特の文化的コードが潜んでいる。客の望んでいるものを正確に把握できるスキルや、客の要求に前もって抜かりなく準備しておく「備え」の精神が、親切を実践する方法だ。おもてなしは、結果的には客への配慮やサービスという形で可視化されるものだが、また一方では、親切を実践する技術を究極のレベルまで高めたいという自己満足的な歓待の文化であるとも言える。

親切の技術を追求する日本文化、通わせる情を追求する韓国文化

日本の寿司店には、ベテランの板前が目の前で寿司を握ってくれるカウンター席ならではの

楽しみがある。寿司のコースを一〇〇パーセント楽しむ方法は、板前の勧めてくれる順番や食べ方に忠実に従うことだ。軽く醬油をつけて食べてこそ本来の味が楽しめるという寿司もあれば、塩が合うという寿司もある。板前が、客の好みを見抜く「技術」を発揮して、さりげなくサービスメニューを出してくれるという感動的なケースもある。だが、そうした細やかな配慮のなされた食事が必ずしも良いとは限らない。食事の型がきっちり決まっているため、客の突発的な要求が入り込む隙がない。出された料理をうかつに残したり、好き勝手な食べ方で食べたりすると、心を込めて準備した板前に失礼を働くことになる。

一方、韓国の親切な食堂では、店主とざっくばらんに言葉を交わし、気軽にリクエストをすることこそが、満足のいく食事をする方法だ。キムチやおかずのお代わりはもちろんのこと、メニューにない辛い青唐辛子やごま油も、頼めば快く出してくれる。店主のほうも、客に良いサービスを提供しなければと気負ったりはしない。「親切」を前もって準備しておくというよりは、客の要求に喜んで耳を傾け、そのつど柔軟に対応するのだ。

そういう意味で、韓国文化における「親切」を理解するためのキーワードは「情」だと言える。ぶっきらぼうだが、柔軟さがあって人間的だ。抜かりなく用意された配慮はなくとも、コミュニケーションの余地を残した「ゆるさ」が、客にはむしろ心地よく感じられたりもする。

親切を解釈し実践する文化的コードは、韓国と日本でそれぞれ異なる。そのため、客が体験することも異なってくる。おもてなし精神が生きている日本の店では「最高のもてなしを受けた」という満足感を味わうことができる。一方、情にあふれる韓国の店では「温かいもてなしを受けた」というぬくもりを感じることができる。親切にもいろいろあるのだ。

「一人でする」の日本、「一緒にする」の韓国
——集団主義と個人主義が共存する日本社会

二〇〇〇年代初め、日本を旅行中に東京のあるラーメン店に入って驚いた。仕切り板で区切られた一人用の席が劇場ふうに配置された、ほかの食堂にはない造りだったからだ。有料自習室やインターネットカフェを思わせる独特の光景は、韓国ではなかなかお目にかかれないものだった。

今は韓国でも、いわゆる「ひとり飯族」が増えた。コロナ禍以降は、各席に仕切り板の設置された飲食店も少なくない。だが当時は、韓国では一人で食堂に入る客はまだ少数で、一人分を注文すると、迷惑な客だと言わんばかりの冷たい対応をされることもあった。韓国では「ひとり飯族」として肩身の狭い思いをしていたので、一人でも気楽に食べられる日本のラーメン店に妙に感動した記憶がある。

「一人でする」が基本の日本、「一緒にする」が基本の韓国

最近は韓国でも「ひとり飯」「ひとり酒」「ひとり旅」など、一人で行動する「おひとりさま主義」がひそかなブームとなっている。コロナ禍以降、何事も一人でする傾向が強まっているともいう。だが、やはり韓国社会は「一緒にする」が基本ではないだろうか。一人暮らしの様子を紹介するテレビ番組でも、出演者はひっきりなしに友人に連絡し、一緒に食事をし、一緒に旅行に出かける。最終的には、誰かと一緒に行動してこそ意味がある、との結論に至る。そういう点から見ると、韓国のおひとりさま主義は、あれも一緒に、これも一緒にと、「一緒にする」をそれとなく強要する慣行への反動からきているのではないかという気もする。

一方、日本は何事も一緒にする文化ではない。韓国と日本、どちらの国でも会社勤めの経験があるが、昼休み前の社内の雰囲気はまるで異なっていた。韓国では、社外の人との約束が入っていなければ同じ部署の同僚と食事をするのが一般的だ。午前の業務が終わるころから「今日は何食べようか？」という言葉が当たり前のように飛び交う。

日本では多くの場合、一人で食事を済ませる傾向がある。昼休みの時間になると、各自「食事にいってきます」と言って席を立つ。もちろん、同僚と一緒に食べることもある。「今日、一緒に食べましょうか？」と、あらかじめ誘っておいた場合だ。一緒に食事をするのがデフォルトではないということだ。そういう雰囲気なので、食堂でも、各自食べた分を支払う「割り

勘」がすんなり定着したのだ。

外食も一人、ショッピングも一人、旅行も一人、映画や公演、ゲームを楽しむのも一人が一番楽しいし、満足できる。久しぶりの休日にはあえて一人で過ごし、一人でいるときはわざわざ誰かに連絡しようとは思わない。一人客用のサービスを提供している食堂は多いし、マートやコンビニには一人分の食材やインスタント食品がずらりと並ぶ。一人カラオケが最初に登場したのも、一人焼肉の専門店が人気を集めているのも日本だ。多様化の進んだ消費社会なので、一人だからという理由で我慢しなければならない不便さもあまりない。「一人のほうが気楽でいい」という、純粋に個人主義を好む傾向から生まれた風潮だ。

一方、日本は集団主義の伝統が強いので、みんなで何かを一緒にする文化も根づいている。職場や団体では会食や会合も頻繁に開かれるし、「祭り」もしっかり定着している。田舎だけでなく都会でも、住民がみずから企画し参加する大小さまざまな祭りが盛況だ。

実は、多くの日本人が、他人と一緒に何かをする場を好み、心から楽しむ。なにぶん日常生活のあらゆることを一人でする文化なので、時には寂しさや孤独感を振り払いたいという気持ちもあるのだろう。日本のおひとりさま主義は、韓国のような、「何でも一緒にする」慣行への反動ではないのだ。

コロナ時代、「おひとりさま主義」の明暗

日本は、グローバルパンデミックに比較的うまく対処した国だ。人口あたりの新型コロナの致死率が韓国の三倍以上なので（二〇二二年三月末現在、韓国〇・一三％、日本〇・四四％）、韓国人の目には深刻な状況のように見える錯視効果がある。だが、世界各国の指標と比較すると、日本は感染率も致死率も低いほうだ。ただ、デジタルインフラを活用して積極的に対処してきた韓国に比べ、日本政府は、感染者を選別するPCR検査の数を増やすことに消極的だった。ただ市民に協力を要請するばかりで、時宜にかなった対策を講じられなかったという点で、非難の声が大きかった。

それでも、日本ではコロナ禍が最悪の事態に至ることはなかった。その理由をめぐっては諸説あるが、中には日本の個人主義的文化に着目したものもある。外食もショッピングもおひとりさま族が多いうえ、普段からあまり物や場所を共有しない文化的慣行のおかげでウイルスが伝播しにくかった、という仮説だ。日本文化のそうした一面が感染対策としてどれほど効果的だったのかはわからないが、「ソーシャル・ディスタンシング」を実践するうえではけっこう有利だったのかもしれない。

目に見えないウイルスと戦ううえでは有利かもしれないが、おひとりさま主義もポジティブな面ばかりではない。日常生活での問題を自分一人で解決することに慣れているため、みんなでともに悩むべき社会的な事案を個人の問題と捉えたり、外部の支援が必要なケースでも他人に助けを求めず孤立したりといった状況が、比較的頻繁に生じる。おひとりさま主義路線を貫くのは個人の自由だが、「ともに生きる暮らし」の利点をみすみす放棄するのは、個人にとってても社会にとってもけっして健全な選択とは言えない。

たとえば、日本では日常生活の中で「一緒にする」ための技術が乏しい。韓国には、たわいもない冗談やどうでもいい話をしながら相手と親しくなる対話法がある。これは初対面の相手との心理的な距離を縮める社交術としてはうってつけだ。先輩が後輩に食事をごちそうしたり、友人同士で順番にご飯をおごったりする慣行も、副作用がなくはないものの、人間関係を密接にし持続させる、「一緒にする」技術の一種だ。

日本では、知らない人とすぐに打ち解けられるそういう文化がないため、相手と親しくなるのに時間がかかるほうだ。しょっちゅう顔を合わせていても、ぎこちない関係が何年も続くこともある。おひとりさま主義が根づいている日本で、知らない人とざっくばらんに打ち解ける社会性を身につけるのは容易ではない。

日本ではどのように個人主義と集団主義が共存しているのか?

このように個人主義的な性向が顕著な日本社会だが、公的な領域では正反対に、国家や集団の目標を個人の価値観より優先する集団主義が強く表れる。たとえば、個人的な趣味や好みは尊重されるべき、という考え方は存在するものの、国の行事のためなら個人的な犠牲もやむを得ない、との考え方も強い。ある意味、一人の人間の内面に個人主義と集団主義が共存しているように見えて、戸惑うこともある。

個人主義は、国家や共同体など集団の効用に優先して、個人の理性的な判断や、信念の個別性を認めるという考え方だ。これは民主主義の根幹でもある。民主主義は、すべての人の意見を平等に尊重しなければならないという個人主義的思想を前提に成り立つものだからだ。ところが、日本社会における民主主義の成立過程では、そうした個人主義的思想に対する熟考がなされなかった。太平洋戦争に敗れた日本を一時期占領、統治していた連合国最高司令官総司令部（ＧＨＱ）によって、民主主義的な理念を盛り込んだ憲法が作られたからだ。つまり日本社会における民主主義は、みずからつかみ取った成果というより、「上から与えられた贈り物」だったのだ。

日本社会の個人主義が不完全な思想のように思えるのはそのせいかもしれない。日本で個人主義的な考え方が抵抗なく受け入れられるのは、個々人の考えや信念を尊重するという「思想」の次元ではなく、全的に個人の好き嫌いが基準となる「消費」の次元においてだ。公的な領域での個人主義は集団の和を乱す未熟な態度とされるが、一方で、私的な領域での個人主義は各自の好みや幸福追求権に関連する、また別の次元の話と考えるのだ。市民社会の経験は不十分だが消費社会的な面では高度に発達した、日本社会の特徴とも言える。

日本人にとって「名字」は何を意味するのか？——韓国の家族と日本の家族

日本暮らしもかなり長くなったが、いまだに、「キムさん」と呼ばれることにはどうも慣れない。日本では、韓国語の「氏《シ》」にあたる接尾辞「さん」を名字の後ろにつけて呼称とするケースが多い。姓と名のフルネームで呼ぶ韓国とは対照的だ。しかも韓国では「南山《ナムサン》〔ソウル中心部に位置する山〕から石を投げたらキム氏に当たる」という笑い話があるほど、キムはよくある姓氏《ソンシ》〔名字〕だ。

そういうわけで、「キムさん」という呼びかけが自分に対するものと気づかないこともよくあるし、その呼びかけに応じている自分がちょっと不思議に思えたりもする。言ってみれば、私は自分自身のアイデンティティを「キム氏」という姓氏に見いだしたことはない。そういう事情をよく知る日本人の友人たちは「キムさん」ではなく、親しみを込めて下の名前で呼んでくれる。

韓国と日本のそれぞれ異なる呼称文化

「キムさん」という呼び方を韓国語に直訳すると「キム氏」。語感はあまり良くはない。韓国では、姓氏で人を特定するときは「キム代理」や「パク先輩」「イ女史」など、社会的な肩書や地位をつけて呼ぶのが一般的だ。「氏」という呼称は相手を見くだしているような印象を与えるため、目上の人にはまず使わない。万一、目の前の相手を「キム氏」と呼ぶ場合は、険悪な雰囲気になることを覚悟しなければならない。

韓国の「氏」という呼称が目上の人には不適切であるのとは対照的に、日本の「さん」は、老若男女問わず誰に対しても礼儀正しく使える無難な呼称だ。親しい間柄では、男性なら「くん」、女性の場合は「ちゃん」というくだけた呼称も使われる。

幅広く使える「さん」という呼称は、人間関係を対等に維持するうえでも役立つ。ときどきあいさつを交わすお隣さんは「モリモトさん」、以前職場で一緒に働いていた同僚は「タナカさん」、還暦を迎えた大学院の先輩は「フルカワさん」、大人の社会関係に一日も早く慣れてほしいとの思いから、教え子たちにも「さん」という呼称を使っている。

韓国の姓氏は属人主義、日本の名字は属地主義

日本の名字は実に多様だ。受講生が一〇〇人を超える大規模な授業でも、同姓の学生は一人か二人いるかいないかだ。そのため、名字で呼んでも、韓国のように大混乱が起こることはない。多くの日本人が、他人とめったに重ならない自分の名字をみずからのアイデンティティとして捉えている。オフィシャルな関係ではもちろんのこと、友人や親しい同僚、知人とのあいだでも、名字を呼称代わりにすることが少なくない。

非常に稀なものを除いても一万個以上の名字が実際に使われているというのだから、姓氏の

数がせいぜい三〇〇個しかない韓国とは雲泥の差だ。「金《キム》」「李《イ》」「朴《パク》」など、ほとんどが漢字一文字である韓国の姓氏とは違い、日本の名字は一文字から三、四文字の漢字からなるのが普通だ。よくある「佐藤」や「佐々木」をはじめ、名字の総数は数万個どころではないという。

韓国の「姓氏」を日本語では一般的に「名字、苗字」と言うが、厳密には、日本の名字は韓国の姓氏とは異なる概念だ。複雑な歴史的経緯は省いて簡単に言うと、韓国の姓氏が氏族や血縁を象徴する抽象的な概念であるのに対し、日本の名字は先祖の住んでいた地域や地形、生活様式などに由来する具体的な概念だ。多くは、地名、あるいは地域に特徴的な地形がそのまま名字になっている。

たとえば、比較的多い名字の一つ「田中」は「田んぼの中」という意味だ。この名字の先祖は農耕に従事していた可能性が高い。同じくよくある「山本」は「山のふもと」という意味で、おそらく先祖は山裾に住んでいたものと推測される。金《キム》氏の中でも金海《キメ》地方に定着すれば「金海金氏」、慶州《キョンジュ》を拠点とするなら「慶州金氏」というように、韓国にも、姓氏が枝分かれし「地域」というアイデンティティがプラスされた本貫《ボングァン》という概念がある。日本の名字は、概念としては本貫により近い。

韓国の姓氏が、氏族や血統の系譜を強調する「属人主義」の考え方だとすると、日本の名字は、故郷や居住地の特性など地域的脈絡が具体的に表れる「属地主義」の考え方であるとも言えよう。氏族の系譜を重視する属人主義の伝統から見ると、姓氏は個人に与えられた本質であり宿命だ。血縁は自由に変えることができないからだ。一方、属地主義の伝統から見ると、名字は状況に応じて柔軟に変化し得るものだ。血縁関係に縛られるのではなく、家族や個人の意思で切ることもできれば新たに結ぶこともできる、相対的な家族の概念だ。

以前、日本人の友人の家に遊びにいって、表札にまったく別の名字が書かれていてびっくりしたことがある。聞けば、友人は両親の同意のもと、幼いころに母方の祖母の名字を継ぎ、親きょうだいとは違う名字で生きてきたのだという。血統意識の強い韓国の文化では理解しにくい考え方だが、日本では、血縁関係にあれば名字も同じ、とは限らないのだ。

そういう考え方の延長線で、会社や家業の継承など「社会的な縁故」の象徴として名字を継ぐ、という契約的な慣行も根づいている。日本では毎年八万人が養子縁組により名字を替えているが、そのほとんどが成人男性だ。長男が家業を継ぐという昔の固定観念が今も根強く残っているため、養子縁組で男性後継者を家族として迎え入れるケースも少なくない。「家業の後継者求む」という、韓国の文化では考えられないような求人広告もたまに目にする。日本で名字を継ぐというのは、家業を継承して心血を注ぐ所存だ、との宣言であり、また一方では、自分の意思を社会的に公にする方法でもある。確かなのは、韓国の姓氏に比べると、日本の名字はうんと「身軽な」概念だという点だ。

日常の中に隠れた考え方の違い

韓国と日本の姓氏・名字や呼称は、歴史的には同じ漢字文化圏から派生したものだ。だが、この制度の解釈や運営の仕方は、両国でまったく異なっている。韓国の姓氏が血統を重視するのとは違い、日本の名字は契約的な社会関係を築くための手段だ。韓国において姓氏は、先祖から受け継いだ存在論的なアイデンティティと解釈される。一方で、日本における名字は、呼称によって他人と自分を区別する日常的なアイデンティティとして活用される。考え方の違いが非常に明白で対照的だ。

興味深いのは、姓氏・名字制度や呼称の表面的な部分だけを見た場合、韓日間で異なっている点よりも共通点のほうが目立つということだ。「〇〇キム」ではなく「キム〇〇」のように姓、名の順で書く表記法や、性別や年齢によって呼称が変わる点など、韓国と日本は、西洋の呼称文化とは異なる文化的特徴を共有している。だが何と言っても、文化を探究する醍醐味は、表面的に見ただけではわからない「素顔」を理解するところにある。この先も「キムさん」という呼び方には慣れそうもないが、何気ない日常に潜む「文化」への好奇心が衰えることはなさそうだ。

ピッピとポケベル——それぞれ異なるメディアへと進化した、韓国と日本の無線呼び出し機

いまや幻となった、「ピッピ」と呼ばれていた機器がある。携帯電話が一般に普及する前の一九九〇年代に広く使われていた個人用無線呼び出し機のことだ。韓国では若者層に大人気で、一時は加入者数が一五〇〇万人に迫る勢いだった。携帯電話の商用化以前に個人用無線呼び出し機がそこまで大衆化した例は世界的にも稀だが、実は日本でも、韓国に劣らぬ大ブームが起こっていた。日本では「ポケットの中に入れて持ち歩く」という意味で「ポケベル」という愛称で呼ばれていた。両者を区別するためにここでは、韓国のものを「ピッピ」、日本のものを「ポケベル」と呼ぶこととする。

無線呼び出し機を使ったことのない読者のために、使い方をざっと説明しよう。呼び出し機には携帯電話のように固有の番号が付与されているが、声でやり取りする通話機能はない。呼び出したい相手の番号を、電話をかけるときと同じ要領で入力し、つながったら、通話が可能な電話番号を入力したあと接続を切る。すると呼び出しを受けた相手の呼び出し機が「ピッピ」と鳴り、連絡すべき電話番号が液晶画面に表示される。相手がその番号に電話をかけると、ようやく通話ができる、というシステムだ。当時は携帯電話がなかったので、外で呼び出しを受けると近くの電話ボックスへと走ったものだ。今も、カフェやフードコートで、注文の品が

準備できると音や振動で呼び出す端末機が使われているが、これはかつての無線呼び出し機のシンプルなバージョンだ。

同じ技術からまったく異なる通信文化が発達する

いつどこでも通話ができ、メッセージのやり取りも可能な携帯電話に慣れている世代には、そういうシステムはじれったく感じられるかもしれない。けれど当時は、ピッピならではの楽しさもあった。たとえば、呼び出し機の液晶画面に表示される数字を暗号のように使うコミュニケーションが大人気だった。「8282《パリパリ》」は「速く速く《パリパリ》」を意味し、「1004《チョンサ》」は「天使《チョンサ》」、「1010235《ヨルリヨリサモ》」は「熱烈に思慕《ヨルリヨリサモ》」する、という恋人同士のメッセージだった。数字のみでコミュニケーションするピッピの特性を活用した、一種の通信遊びと言える。

興味深いことに、ポケベルにも同じような通信遊びがあった。「0906」は「遅れる」、「4649」は「よろしく」のように、数字で語呂合わせをした多様なポケベル用暗号が流行した。「ポケ言葉」と呼ばれたこの隠語体系は、「新宿（40109）」や「渋谷（428）」といった若者の街の名はもちろんのこと、「お酒に行こう（03215-）」、「三〇分くらい遅れる（30-0906）」、「二日酔い苦しい（22941）」など、若者が遊びにいく際に必要な表現がほぼ網羅されていた。純粋な表音文字であるハングルとは違い、日本語は、表音文字であるひらがなやカタカナと、表意文字である漢字を併用する。数字を複数の音《おん》で自由に読ませることができるため、隠語体系との相性が良かったのだ。

ポケ言葉を使う人が増えてくると、次は、入力された数字を自動で文字に変換して液晶画面に表示する機能が登場した。その後ポケベルは、数字をやり取りする原始的な呼び出し機から脱皮し、文字専用の通信機器へと急速に進化しはじめた。個人用通信機器につなげて使う小型キーボード、通称「ポケットボード」なる付属品も登場するほどだった。日本では、スマートフォンが普及するずっと前に、無線通信網を使ったインターネットの利用が定着している。若者層のポケ言葉文化が、一九九〇年代以降の、携帯電話でのインターネットの利用を促進する土壌になったと、通信会社側も認めている。

一方、韓国のピッピはまったく別の方向へと進化していた。きっかけは、ピッピに音声私書箱サービスが追加されたことだ。音声私書箱には、ピッピに接続した人が声を録音して相手にメッセージを残す機能だけでなく、ピッピの所有者があらかじめ録音しておいたメッセージを、接続してきた人が聞けるようにする機能も備わっていた。音声私書箱を機に、ピッピ文化はそれまでとはまったく異なる方向へと展開していく。録音された音声メッセージをやり取りする双方向のコミュニケーションが盛んになったのだ。

恋人同士のあいだでは、音声私書箱のパスワードを共有し、それぞれが録音した「声の手紙」で愛を伝える「非同期コミュニケーション」が流行した。録音機能を活用した多彩な応答メッセージも登場した。個性満点の自己紹介文を朗読したり、好きな歌謡曲が流れるようにしたり、みずから歌う自作曲を披露したりする人もいた。中には、定期的に小説を音声で「連載」する「ピッピ小説」まであったというので、今で言うポッドキャストの原始的な形が、韓国ではそのころに芽生えたと言えるだろう。

文化が技術を「別名で保存」する

そうした韓国と日本の通信会社の観察力やスピーディーな対応に感嘆する人もいるだろう。韓国の通信会社はいち早く音声私書箱の機能を追加し、数字だけでのコミュニケーションによるもどかしさを解消した。日本の通信会社は数字を文字に変換する機能を開発し、言葉を数字で表現する煩わしさを解消した。どちらも、さすが通信技術先進国らしい素早い対応力だ。

携帯電話の普及前に無線呼び出し機が若者の通信機器として人気を集めた例は、ほかの地域ではあまり見られない。韓国と日本以外では、同時期の台湾と香港くらいだ。さらに、数字を使った隠語の文化が花開いたのは、韓国と日本だけではないだろうか。それゆえ、グローバルな観点では、韓国と日本の通信文化の近さを示す事例とされることもある。

一方で、同じ仕様の通信技術が、韓国と日本でまったく異質なメディアに進化したという事実は興味深い。韓国のピッピが声や音楽など音を伝えるにぎやかな「口述メディア」へと変身したのに対し、日本のポケベルは文字を介する寡黙な「文字メディア」の道を選んだ。メディア学者ウォルター・J・オングは『声の文化と文字の文化』(一九八二)〔邦訳書は桜井直文・林正寛・糟谷啓介訳、藤原書店〕

という有名な著書で、数千年にわたる人類の歴史は、メディアの発展に伴って、口述中心の文化から文字中心の文化へと変化したと主張している。彼が生きていたら、同じ通信技術がほぼ同時期に、口述メディアと文字メディアというまったく別の方向へと展開していったこの状況に、大いに興味を抱いたことだろう。

ピッピやポケベルは姿を消して久しいが、インターネットの利用に際し、韓国は口語中心、日本は文字中心であるという点は今も変わらない。私的なコミュニケーションにカカオトークやラインなどのチャットアプリが好まれる点は、韓日ともに同じだ。だが、業務上の公的なやり取りや連絡をするときはメールやチャットより通話のほうがいい、という人の割合は、韓国のほうが圧倒的に高い。韓国ではポッドキャストやYouTubeなど音声や動画を活用したプラットフォームがいち早く受け入れられたのに対し、日本では文字や画像で対話するSNSを好む人の割合が高く、動画サービスに対する抵抗は意外と大きいほうだ。

なぜ、このような違いが生まれるのだろうか？　「韓国人は陽気だから」や「日本人は本心を見せないから」といった偏見混じりの俗説にあっさり納得する人もいるだろうが、実際にはもっと複雑な文化的、社会的、産業的要素が絡み合っている。確かなのは、いくら最先端の技術といえどその受け入れられ方はさまざまで、技術の文法だけでは説明できないということだ。文化が技術を「別名で保存」してしまうことは、しょっちゅうある。同じ通信技術からスタートし、まったく異なるメディアへと進化した、ピッピとポケベルのように。

「酔中真談」と飲みニケーション——違うような、同じような、飲酒文化の韓日比較

愛酒家として、韓国でも日本でも酒の席には何度も顔を出した。両国の飲酒文化はずいぶん違う。たとえば韓国では、相手の注いでくれる酒を受けるときは、まず自分のグラスを空にするのが「酒道」だ。特に、目上の人が酒を注いでくれる素振りを見せたら、目下の人は即座にグラスを空け、空のグラスで酒を受けなければならない。つまり、それとなく注いでやりながら相手に酒を勧めるのが、韓国の飲酒文化の慣行なのだ。相手と差しつ差されつの「駆け引き」が酒の席の醍醐味といえば醍醐味だが、自分の意思とは関係なく飲まされるという厄介な状況も起こりやすい。

それに対して日本では、あからさまに酒を勧めはしないものの、相手のグラスに常に酒がなみなみと入っているように気を配る、奥ゆかしい「勧酒」の慣行がある。相手のグラスが空になる前にさっと気づいて注ぎ足すことこそが酒飲みのたしなみ、逆に、グラスが空になっているのにそのままにしておくのは気が利かない、ということになる。飲酒文化が異なるので、酒の入っているグラスに注ぎ足す「添盞《チョムジャン》」に対する解釈も正反対だ。

添盞は、韓国の飲酒文化では、祭祀などの場でしかおこなわない非日常的な礼法だ。普通の酒の席で相手のグラスに注ぎ足すのは大変な非礼とされる。一方、日本の飲酒文化では、相手

に対する気遣いだ。適度に注ぎ足してあげないと、むしろ冷たい人だと思われる。この違いを知らないと、私のように酒の席で大失敗をすることになる。

日本に来て間もないころ、日本人の友人夫婦に招かれ、ちょっとしたホームパーティーに参加したことがある。こぢんまりした庭でシーフードやおにぎりを炭火で焼いて食べるという、屋外でのパーティーだった。よく知らない外国人が同席しているとあって最初はやや硬い雰囲気だったが、一杯、二杯と酒が入るにつれ、和気あいあいとしたムードに盛り上がっていった。

問題は、酒の注ぎ足しだった。グラスにまだ酒が入っているのに、年配の方が瓶を持ち上げて注いでくれようとするので、失礼になってはいけないと慌ててグラスを空けた。ところが、注いでもらった酒がまだかなり残っているのに、再び注いでくれようとするのだ。また急いで飲み干して酒を受け……、それを何度か繰り返しているうちに、自分の酒量をはるかに超えてしまった。

酒の注ぎ足しの慣習が両国でまったく異なるということは、あとになって知った。友人のご両親は、お客さんのグラスが空になる前に早めに足しておこうとしただけなのに、私はそのたびに酒を勧められているものと誤解した。意図せぬ飲み過ぎで私もひどい目に遭ったが、友人一家も、準備しておいた酒が早々に底をつき、少なからず当惑したことだろう。当時のことを思い出すと、今でも苦笑いが出てくる。

個人主義を徹底して実践する日本の飲酒文化

最近は、酒を瓶で注文して分け合って飲むことも減ったので、酒の注ぎ足しをめぐる韓日の飲酒文化の違いを実感したという話はあまり聞かなくなった。その代わり、個人主義を徹底して実践する日本の飲酒文化はときどき話題になる。日本では、複数人の酒の席でも、各自の好みに合わせてそれぞれ違う酒を飲むのが一般的だ。

日本の居酒屋には、ビールはもちろんのこと、さまざまな日本酒や、蒸留酒を混ぜて作る各種カクテル、ワイン、ノンアルコールドリンクまで用意されている。各自が好きな飲み物を選ぶので、食べ物の注文より時間がかかる。軽く乾杯して一杯目を飲みはじめるところは似ているが、「ワンショット」（一気飲み）の掛け声とともにみんなで場を盛り上げていく韓国の飲酒文化とは違い、日本では各自自分のペースでちびちび飲む雰囲気だ。場の雰囲気は韓国ほど陽気ではないが、暴飲、暴走することも少ないので、一長一短と言える。

そういう日本の飲酒文化は、韓国の飲兵衛たちにはひどく物足りなく感じられるかもしれない。一方、積極的に酒を勧め、同じ杯で酌み交わす韓国の濃厚な飲酒文化は、日本人には独特に感じられるだろう。コロナ禍以降、外食も難しくなり、日本では、リモート会議システムを活用したオンライン飲み会がけっこうな人気だ。日本人の同僚たちと実際に「Ｚｏｏｍ会食」をしてみると、各自好きなお酒を傾けながら静かに会話を楽しむ個人主義的な飲酒文化は、オンライン飲み会と意外と相性が良いと感じる。一方、みんなでワイワイという雰囲気を好む韓国の酒飲みたちは、オンライン飲み会の魅力をあまり感じられないようだ。韓国には、肩を寄せ合い、豪快にグラスをぶつけ合う「ディープな」飲み会ができないくらいなら、いっそ「ひとり酒」のほうがマシだという飲兵衛も多いのではないだろうか？

「飲みニケーション」と「酔中真談」、日本も韓国も酒は社会生活の要

学びはじめた年齢が遅かったわりに、かなり流暢に日本語を使いこなすほうだ。「短期間で日本語が上達した秘訣は？」と聞かれると「飲みニケーションのおかげ」だと答える。「飲みニケーション」とは、「飲む」と「コミュニケーション」を合わせた言葉だ。韓国式に言うと「酒の席トーク《スルチャリ》」。日本でも酒の席では情報の共有やコミュニケーションが比較的活発になることから慣用句として定着した。

飲みニケーションを実践してみた結果、「日本人は自分をあまり表現しない、内向的だ」という一般論には同意しがたい。旨い酒を肴に、話に花を咲かせてみれば、心の壁はすぐに崩れ、ざっくばらんに胸の内を打ち明けられる。実際に、日本人の友人たちの多くとは、酒を酌み交わすうちに親しくなった。私が飲みニケーションで日本語がうまくなったという話は、冗談ではないのだ。

二〇二一年四月、日本は新型コロナの第四波に見舞われ、東京には三回目の緊急事態宣言が

出された。それに伴い東京都が飲食店での酒類の提供を禁止したことをめぐって、世間が騒がしくなった。酒類の販売が売上の要である飲食店側から不満が出るのは当然だ。ところが、酒を飲むこと自体を禁じる「禁酒令」でもないのに、一般市民もその措置に対しておおむね否定的だった。飲みニケーションの機会が減ることへのストレスが大きかったのだろう。

韓国にも「酔中真談」という言葉がある。酔っているときは本音が出る、という意味で、日本の飲みニケーションのように、酒を交えたコミュニケーションのポジティブな効果を強調した表現だ。飲酒文化は違っていても、韓国も日本も、酒が社会生活の重要な要であるという点は変わらない。飲酒が、時にコミュニケーションを促進する良い働きをするのは事実だ。だが、その点を強調し過ぎると、酒を飲まない人たちを社会活動から排除し、差別することになる。そういう意味で、人によって好みが大きく分かれる飲酒は、「洗練された私的な趣味」の領域にとどめておくのが望ましい。実際に日本では、飲みニケーションがサラリーマンの慣行となってしまったことへの批判がしばしば持ち上がっている。韓国で、飲酒を強要する会食文化が問題視されるのと同じ脈絡だ。

ポストコロナ時代、「酒は飲んでも飲まれない」飲酒文化を考えるべき

日本には「酒は飲んでも飲まれるな」という言葉がある。酒を楽しむのはいいが自分の酒量を超えるほど飲むな、という意味だ。飲兵衛たちが心に刻んでおくべき格言だ。早々に「酒に

飲まれて」しまったら、あの大好きな旨い酒と、楽しい酒の席と、早々に決別することになるかもしれないので。

韓国でも、若者の飲酒風土が、より個人の好みを重視する方向へと徐々に変わりつつあるという。お酒が好きな私も若いころは、無理やり飲まされる酒の席が苦痛だった記憶がある。今の若い人たちには、そういう苦しみを味わうことなく、一杯の酒から生まれるゆとりを楽しむ飲酒文化を作っていってもらいたい。コロナのパンデミックを経験し、酒を伴う社交術の社会的な効用について振り返る機会もできた。これを機に、「酒は飲んでも飲まれない」新たな飲酒文化について考えてみてもいいのではないか、というのが、お酒と末永く付き合っていきたい一愛酒家の願いだ。

コロナにかかった島課長――長生きする日本のコンテンツ、夭折する韓国のコンテンツ

「島課長」がコロナにかかったという。島課長が誰かというと、講談社の発行する漫画雑誌で一九八三年に連載が始まった長寿漫画シリーズの主人公・島耕作だ。彼が課長に昇進し、「もう平社員ではなく管理職だ」と気持ちを新たにする第一話が印象的だった。彼の奇想天外な女性遍歴はちょっと度が過ぎると思うが、社内の派閥闘争や同業他社との熾烈な争い、市場開拓

のため海外に赴任するエピソードなど、日本の会社の実情がかなりリアルに描かれている。韓国にも少なからぬ読者がいる。

四〇年近く連載されているあいだに主人公は順調に昇進し、それに合わせて漫画のタイトルも変わっていった。「島部長」「島取締役」「島常務」「島専務」「島社長」「島会長」を経て、今は、老いてますます盛んな「島相談役」としてストーリーが続いている。部長や常務、社長あたりは韓国でもお馴染みの肩書だが、「相談役」は見慣れないだろう。韓国の組織で言う「顧問」くらいだと理解しておけばいい。言うなれば、すでに会長の座も経験したベテラン中のベテランが、現役の経営陣に助言や相談をおこなう立場だ。これといった役割もなく、ただ年長者に権威と便宜を提供するだけの地位だということで、日本でもその存廃をめぐってさまざまな意見がある。ともかく、日本の伝統的な組織文化において、昇進ピラミッドの頂点に君臨する最高実力者だ。漫画の中のフィクションとはいえ、平社員からスタートして相談役まで昇りつめた島耕作は、「日本のサラリーマンのレジェンド」と呼ばれるにふさわしい。

まさにその「島課長」（今は「島相談役」）が、「モーニング」二〇二一年二月二五日号のエピソードでコロナにかかったというのだ。漫画の中の話だが、実在の人物がコロナにかかったかのように、ニュースでも取り上げられた。七三歳の島相談役は禁煙して二〇年の健康体だが、昔の部下とマスクを外して会話していて感染。カレーの味がわからないことをいぶかしく思いPCR検査を受けたところ、陽性と判定された。症状は軽いので、療養施設として使われている市内のホテルに入所する、という設定だ。

作者の弘兼憲史《ひろかねけんし》によるとこのエピソードは、会社を経営する知人がコロナに感染した実話をもとにしているという。コロナ時代を生きる日本の会社員の実情がリアルに反映されているのだ。作者は、娯楽漫画といえども正確な情報を伝えることが重要だという、創作への思いを貫いてきた。現実社会に素材を求める誠実さが、この漫画の長寿の秘訣だと言ってもいいのではないだろうか。

天寿を全うする日本のコンテンツ

日本の漫画やアニメの中には、びっくりするほど長寿の作品がけっこうある。一九六九年に放映が始まった「サザエさん」（フジテレビ）は、放映期間が世界最長のテレビアニメとしてギネスブックに登録されている。東京で暮らす平凡な一家の日常を淡々と描いた漫画で、日曜日の午後六時三〇分という放送時間は一度も変更されていない。実に半世紀以上にわたってその座を守りつづけてきたのだ。放映期間の長さから、日本の社会現象を読み解く指標として位置づけられているほどだ。

たとえば「サザエさん効果」という言葉がある。ある民間の研究所が、このアニメの視聴率が上がると株価が下がり、視聴率が下がると株価が上がるという相関関係を発見し、そう名づけた。景気が良いと週末に家族でお出かけする機会が増えるためテレビを見る時間が減る、との説明だ。また、「サザエさん症候群」という言葉もある。日曜日の夕方、この番組が終わると、週末も終わってしまったと憂鬱になる心理現象をそう呼ぶ。

日本ほどコンテンツが天寿を全うする国がほかにあるだろうか。アメリカのテレビアニメ「ザ・シンプソンズ」も、一九八九年の放映開始から現在まで、全世界で愛されつづけてきた代表的なロングラン作品だ。だが、日本とは比べ物にならない。同時期の一九九〇年に放映が始まったテレビアニメ「ちびまる子ちゃん」（フジテレビ）は、まだようやく三〇歳、日本の長寿コンテンツの中では若手だ。

一九八〇年代に韓国で大ヒットした「赤ちゃん恐竜ドゥーリー」や「走れハニー」は、ずいぶん前に歴史の中に消えてしまった。一方、日本では、ドラえもん（一九六九）やトトロ（一九八八）、アンパンマン（一九七三）といった貫禄のキャラクターたちが、二〇一〇年以降に生まれた子どもたちのあいだでも人気を争っている。「ポケットモンスター」（一九九六）や「ONE PIECE」（一九九七）など九〇年代生まれのコンテンツも、アニメやゲーム、各種グッズなど、さまざまな分野で現役として大活躍中だ。

二〇〇〇年代初め、私は、韓国のポータルサイトでメディアセクションを立ち上げる仕事をしていた。今でこそ、そのポータルサイトはコンテンツプラットフォームとしての地位を確立しているが、当時は、ポータルがコンテンツを直接配信することに、社員ですらあまり理解を示してくれなかった。検索やオンラインコミュニティ事業だけで精一杯なのに、メディア事業にまで手を出すなんて無謀だと思われたのだ。

なんとかメディアセクションをスタートさせたものの、既存の漫画家たちは作品をポータルに提供しようとしなかった。運営チームは悩んだ末、複数のオンライン掲示板に漫画を掲載していたアマチュア漫画家のコンテンツで、ポータルサイトに連載漫画コーナーを作ることにした。当時は、その急場しのぎの試みが、のちの「ウェブトゥーン」というジャンル開拓への第一歩になるとは思ってもみなかった。

そのころにつながりのできた漫画家たちが、いまやウェブトゥーン界の大御所として扱われているのはうれしい限りだ。だが一方で、当時注目を集めていたコンテンツのうち今も健在なのはほぼゼロという状況は、実に残念だ。当時、一大旋風を巻き起こしていた「チョルラメン」や「猟奇ウサギ・マシマロ」「スノーキャット」は、今どこで何をしているのだろう。「ポロロ」や「ペンス」など新しいコンテンツの魅力に押されるのは仕方がないとはいえ、数十年間の長寿を誇る日本のコンテンツと比べると、あまりに短い命だった。

クリエイターが長く活躍できるコンテンツ生態系を整えねば

すべてのコンテンツが長生きすべきだというのではない。「淀《よど》む水には芥《ごみ》溜まる」という言葉があるように、創作の世界は「新しさ」を武器とする必要もある。だが、時を経るほどに味わいを増すコンテンツもある。「島課長」や「サザエさん」のように長い年月をともにしてきたコンテンツには、何ものにも代えがたい安らぎや面白さがある。

演劇に身を投じた天才少女の物語を描く日本の漫画『ガラスの仮面』は、一九七六年に連載が始まったが、まだ結末に至っていない。島シリーズのようにコンスタントに作品が発表されてきたわけではなく、作家が休載を繰り返しているうちに数十年が過ぎたのだ。一九八〇年代には韓国語の海賊版も流通していた作品で、韓国にも隠れたファンがけっこういるのだが、何を隠そう、私もその一人だ。

数年前、近いうちに最終巻が出るという噂が流れた。さっそくオンラインショッピングモールで購買予約をした。友人の中にもその予約イベントに参加した人はかなりいた。だが、思うように創作が進まなかったようで、一年以上待っても最終巻はついに刊行されず、予約はキャンセルされた。残念な気持ちがないわけではないが、数十年も待ってきたのにあと数年待つくらい、どうってことはない。ファンの心は簡単にしおれはしない。さまざまな大衆文化と日常をともにしている現代人にとって、長寿コンテンツは、ただ存在しているだけで楽しさを与えてくれるのだ。

創作は精神力の求められる作業だ。才能や意欲にあふれていても、個人の努力だけでは継続していくのは難しい。よって、クリエイターには使命感が必要だとか、個別の作品のレベルがどうとか言う前に、彼らが創作活動に専念できるコンテンツ生態系を整えることのほうが先決なのだ。厳しい環境の中からでも「大ヒット作」は生まれる。だが、コンテンツ生態系が健全でなければ、天寿を全うするのは難しい。長年変わらぬ楽しさを与えてくれる日本の長寿コンテンツの数々を見るにつけ、韓国のコンテンツ生態系は、クリエイターが長く活躍できる環境を提供しているだろうかと、あらためて考えさせられる。

韓日の文化の中に見る「利他的自殺」の素顔

――後を絶たない社会的指導層の自殺についての断想

自殺は、個人がみずから命を絶つ私的な行為だ。だが日本では、自殺が公的におこなわれていた歴史的な事例が少なくない。たとえば、武士による「切腹」という風習があった。庶民なら斬首刑に相当する重罪を犯した武士に自身の腹を切って自決させる刑罰で、切腹を「許された」侍は、身を清め、白い裃《かみしも》を着用したのち、決められた作法に従ってみずから命を絶った。節度ある荘厳な儀式であるかのように厳粛な雰囲気でおこなわれていたが、実際には個人に自殺を強要する過酷な刑罰と言うべきだろう。

私的な自殺を公的に美化した日本の歴史的な事例

日本で自殺が公的におこなわれた歴史は近現代まで続いた。太平洋戦争当時には、「神風」

の名で知られる、いわば「自殺特攻隊」が存在した。この反人権的な空軍部隊は、目標物に戦闘機を衝突させるという無謀な戦法で敵軍に被害を負わせた。操縦士はほぼ確実に命を落とすことを前提に戦闘機に乗り込むわけだが、戦闘経験の浅い、まだ若い兵士たちが主に動員された。一九七〇年には、ノーベル文学賞の候補にまでなった小説家の三島由紀夫が、極端な民族主義と極右思想に心酔するあまり、「天皇陛下万歳」を叫んで割腹自殺した。みずからの命と引き換えに政治的主張をした形だが、これもやはり公的な理由から自殺を敢行した奇妙な事件だった。

日本の武士は生き恥をさらすよりはと切腹し、年若い兵士は自殺特攻隊に志願することで「天皇のために命を捧げた」というゆがんだ尊敬を得た。一般的な自殺に対する評価とは違い、公的な理由のために命を投げ出した人には「生に拘泥しなかった」「より崇高な価値のために犠牲となった」といった賛辞が贈られた。一方、暗に強要された自殺を拒否した人は、意気地なしの臆病者とのそしりを免れなかった。

武士の切腹はしばしば、美しく花開き、あっという間に散っていく桜にたとえられた。みずから命を絶つ行為を肯定するにとどまらず、精神的な純潔さを追求する美しい行為であるかのように美化する風潮まであったのだ。自殺に対する称賛は、命を絶った当の本人には何の意味もないだろうが、社会的には自殺を肯定し、あおることにもつながる。

忠誠心によって自殺を合理化した韓国の歴史的な事例

韓国では歴史的に、自殺は望ましくない行為と受け止められてきた。「身体髪膚これを父母に受く」（自分の身体は父母から授かったものである、との孔子の教え）という儒教の教えによるもので、自殺は、両親の授けてくれた命を自分勝手に絶つという点で、最大の親不孝とされた。

そういう考え方は、自分の命を軽視する風潮を抑制するという肯定的な面もあるが、かといって個人の命を重視する考え方が早くから根づいていたのかというと、そうではない。見方によっては、個人には自殺する権利すらなく、自分の身体に関する決定権は父母にある、という意味にもなる。さらに、父母の意向とあれば喜んで命を差し出さなければならない、という理屈も成立する。

たとえば朝鮮時代には、王が臣下に毒薬を与えて服毒させる「賜薬《サヤク》」という処罰の慣行があった。賜薬とは「王が手ずから薬を下賜《かし》する」との意味で、本来は、病気を患う臣下に王が薬を与え回復を祈ることを意味していた。だが、罪を犯した王族や重臣に王が自身の名で劇薬を遣わし、みずから命を絶たせる刑罰としても用いられた。

「君師父一体」と称し、王と師と父の恩恵は同等であると教える朱子学の価値観では、王が臣下に自殺を強要する非人道的な統治行為がいともたやすく正当化された。短刀で腹を切らせる日本の切腹ほど凄惨ではないが、朝鮮半島の歴史でも、君主への忠誠心という名目で自殺が公的に強要された事例は少なくない。

「利他的自殺」の集団主義的な性格

社会学者エミール・デュルケームは著書『自殺論』（一八九七）〔邦訳書は宮島喬訳、中公文庫〕で、日本の切腹の風習や韓国の賜薬制度といった類の自殺を「利他的自殺」と定義した。

この場合の「利他的」は、「他人のために命を絶った」というよりは、「外的な理由に起因する自殺」という意味で用いられている。人生に対する幻滅や憂鬱など内的な原因に起因する「利己的自殺」や、個人の欲望をコントロールする規範や規律が失われた状態で感じる幻滅や倦怠感のせいで命を絶つ「アノミー的自殺」とは違い、外的な強要や説得、社会的圧力などが自殺の直接的なきっかけとなっているケースを指す。

利他的自殺の慣行は、意外と多くの文化圏で見られる。君主が死ぬと臣下や配偶者もともに死を迎えなければならなかった歴史上の殉葬や、宗教的な信念を貫くために死を選択する殉教なども、この部類に属する。明白な強要とは断言しにくいケースもなくはない。だが、こうした自殺行為には、組織の規律や宗教的信仰、社会的懲罰といった外部の要因が決定的な原因となっているという共通点がある。

デュルケームによると、利他的自殺は集団主義的な考え方によって合理化される。その根底には、個人の人格より集団の要求のほうが大事だという考えや、集団の名誉に比べたら個人の命など価値がないという考えが存在する。集団の価値を重視する社会的雰囲気の中では、みずからの命を軽視するような結論に容易に至ってしまうのだ。

日本の切腹の風習は、侍個人の命より武士集団の名誉のほうが大事だとする価値判断によって正当化された。先祖から受け継いだ身体を勝手に傷つけてはならないという儒教的身体観も、個人の個性より家族や先祖との絆を重んじる血縁的集団主義と関連がある。つまり利他的自殺は、「大義」という名分のもと個人の命を捨てる行為なのだ。

利他的自殺は、個人の人格や生の多様性を軽視するという点で、前近代的だ。誰かの命を軽んじることは、「ほかの誰かの命も大義のためなら犠牲になるのもやむを得ない」という考え方に通じるからだ。実際に、物理的な闘争と日常的に対峙する武士や軍隊社会をはじめ、国家主義が暴力的に衝突する戦争や、宗教や党派的集団主義が激しく対立する状況などにおいて、利他的自殺が頻発する。集団の価値を重んじるあまり、個人の尊厳や生の権利が後回しにされ、利他的自殺に対する肯定的な見方も強まるのだ。

社会的指導層の自殺をどう見るべきか？

韓国は人口あたりの自殺率がＯＥＣＤ加盟国中一位という不名誉な記録を何年も保持しているが、日本でも、同自殺率が常に上位五位に入っているほど、みずから命を絶つ人は多い。韓国では、前職の大統領や大衆の人気を集めていた政治家、多くの市民に愛されていた地方自治体のトップなどが自殺し、人々に大きな衝撃を与えた。韓国ほどではないが、日本でも、政府官僚や政治家などが公的業務に関連した遺書を残して命を絶つことが少なくない。

一人の私的な人間が生よりも死を選ぶ虚無主義に至った経緯は知る由もないが、社会的指導層の自殺は、公的に遂行してきた役割と何らかの関連があるのは明らかだ。関連ニュースがしきりに取り沙汰され、論争を引き起こすのも、彼らの死が私的なものとは言い切れないことを証明している。公的な理由で自殺する者がいて、その死を公的に解釈する大衆がいるということだ。

切腹や賜薬のように露骨な強要ではなくとも、私的な死に対して公的な意味づけをし社会的に騒ぎ立てる雰囲気は、利他的自殺を促す条件や状況を作り出してしまう。集団の価値にそぐわない場合は個人が犠牲になるのが当然という考え方が蔓延してはいないか、振り返ってみる必要がある。理由を問わず、命より大切な価値はないのだから。

김치《キムチ》とキムチ——食文化は移動する

日本でもキムチは簡単に手に入る。家の前のコンビニでは一食分のパックも売っているし、大型マーケットに行けば、立派なキムチコーナーに並ぶさまざまな種類の中から選ぶこともできる。韓国のマートでキロ単位で売られている大容量のキムチに比べると、思わず「ちっちゃ！」と声に出てしまうような少量パックで、値段も高めだが、それでも、キムチはかなり大衆的な食べ物として定着している。日本の居酒屋の中には、つまみのメニューにキムチのある店も少なくない。

日本の若者のあいだではキムチチゲやキムチチャーハンなど、キムチが主役の料理が人気を集めているし、新たなニーズに合わせ、キムチを使ったフュージョンメニューも多様になった。ラーメンにキムチがトッピングされ、鍋料理にもキムチが入る。お好み焼きの具としてもキムチは人気アイテムだ。世界じゅうどこに行っても韓国料理が食べられる今、キムチの認知度や国際的な地位の高まりを、とみに実感する。中でも日本は、単にキムチの味を楽しむだけでなく、もっとも多様な形で消費している国だろう。

キムチという食べ物よりキムチを楽しむ食文化に注目

唐辛子粉やネギ、ニンニクで味付けし、塩辛で旨みを出すキムチは、韓国料理の文化的アイデンティティだ。中国で、「泡菜」という食べ物がキムチの祖先だと主張する出来事があったが、野菜を塩漬けするという点だけに注目すると、確かに似通ったところはある。

だが、それを言うなら、塩漬けキャベツを軽く発酵させたドイツの「ザワークラウト」もキムチの遠い親戚だ。日本にも、野菜を塩漬けして水分を抜き、味を付けた「漬物」という食べ物が存在し、中には乳酸でしっかり発酵させてキムチに似た旨みを出したものもある。食材とレシピだけで言うなら、同じような食べ物は世界各地にいくらでもあるということだ。赤い唐辛子粉のピリッとした旨みこそがキムチの象徴だとする主張もあるが、壬辰倭乱〔一五九二―九三年の文禄の役〕以降に日本から伝わった唐辛子は韓国料理の食材としては歴史が浅く、キムチが韓国固有の食べ物であることを証明する歴史的な根拠としては不適切だ。

実際、キムチは、参鶏湯《サムゲタン》やプルコギのように、食材とレシピがはっきり決まっている食べ物ではない。白菜キムチをはじめ、カクトゥギ〔角切り大根のキムチ〕やオイソバギ〔切り込みを入れたキュウリにキムチのタネを詰めたもの〕、トンチミ〔大根の水キムチ〕など、キムチとなる野菜の種類は実に多様だ。韓国では、冬の初めに一家総出で大量のキムチを漬けるキムジャンの風習が今も健在だが、それだけ各地域、各家庭でキムチの味にバリエーションがあるということだ。言ってみれば、キムチは「塩漬けした野菜を発酵させた保存食」の総称であって、特定の食材で味を再現する単一の料理を指す言葉ではない。そういうキムチについて、いつどこで生まれた食べ物かを特定しようとすること自体が無謀なのだ。

韓国人にとってキムチは、毎食欠かすことのできない重要なおかずだ。ある意味、ご飯よりキムチのほうが大事だ。ご飯は麺で代用できるが、キムチは代わりになりそうな食べ物が見当たらない。インスタントラーメンを作っても、チャジャン麺やトンカツを食べるときも、優雅にパスタを味わっているときも、例外なくキムチが恋しくなる。新婚旅行で海外に行くときにまでキムチを持参する韓国人もいる。サラダやピクルスには、爽やかな旨みが魅力のキムチの代役は務まらないということだ。

それゆえ、関連ビジネスの規模も相当なものだ。日本のように少量パックではなく、よく漬かった白菜キムチを一株分まるごと買うことができる。キムジャンのシーズンには、薬味を塗りつけるだけで簡単にキムチが完成する塩漬け白菜の宅配サービスも盛況だ。初冬に漬けた大量のキムチを一年じゅうおいしく食べるためのキムチ冷蔵庫が一家に一台あるくらいなので、韓国料理におけるキムチの存在感がいかに大きいか、あらためて言うまでもない。実のところ、キムチが韓国料理のアイデンティティを象徴しているのは、キムチという食べ物の固有性というより、食文化におけるその強力な存在感が理由だと思われる。

実際、人気のおかずとして定着したとはいえ、日本ではキムチは嗜好品だ。ニンニクやショウガなど香りの強い薬味が使われるので好き嫌いが分かれるし、毎食食べたいとは思わないという。それゆえ、キムチは有料メニューという認識が無理なく成立するのだ。一方、韓国では、もしキムチにお金を取るという食堂があれば非難囂々だろう。韓国料理でキムチは、箸やスプーン、水のように食事に欠かせないものなので、キムチにケチケチするのは、韓国料理の食堂としてサービスの基本がなっていないということになる。

韓国人がチャジャン麺にはたくあんと生たまねぎ〔味噌をつけて食べる〕を添えるように、日本では、焼肉の店ではキムチも注文するのが王道との認識がある。だが、たくあんや生たまねぎが韓国人の食卓に常時上るわけではないように、日本人にとってのキムチも、韓国料理という外国の料理を食べるとき限定のおかずなのだ。

一方で、日本では、キムチはさまざまな形で日本料理に取り入れられ、独特の食文化を形成しつつある。酒好きはキムチをつまみに飲むこともあるし、先に紹介したようにキムチを使った一品料理も少しずつ増えている。日本料理によく合う味が基準となるので、キムチに求められる味も韓国とは少し異なる。

韓国のキムチは塩辛類で風味をつけ、発酵の過程で復活する野菜の食感〔塩漬けしてしんなりした野菜の食感は発酵を経ることでよみがえる〕を重視するのに対し、日本では薬味の量を少なめにして特有の匂いを抑えたあっさり味が好まれる。本場の感覚からすると浅漬け《コッチョリ》に近く、これぞキムチと言うには物足りない味だが、それでも日本人の口には充分合う食べ物なのだ。「江南の橘《たちばな》、江北の枳《からたち》となる」〔揚子江の南方に産する橘を江北に移植すれば枳になる、の意。場所や状況によって人の性質も変化することのたとえ〕と言うように、김치《キムチ》は、玄界灘を渡って「キムチ」の食文化を新たに開拓しているのだ。

資本の力で動く食文化

文化人類学者の立場からすると、食べ物の発祥論争ほど不毛なものはない。食文化の本質は移動性と変化にあるのであって、「元祖」という古びた固定観念の中にあるわけではないからだ。出会って、けんかし、仲直りし、別れる、恋愛映画の中の恋人たちのように、食べ物は国境を越え、その過程でおのずと変化していく宿命なのだ。

かつて食文化は、帝国主義や戦争といった暴力的で強制的な過程を経て伝播するケースがほとんどだった。今は状況が変わり、食文化は「文化商品」の形で移動する。世界じゅうの食材が国境を越えて消費され、遠い大陸の食べ物が近所のレストランで人気を集める。異国の食文化が視聴者の目を引きつけ、奇抜なレシピが食欲をそそる。

商品やコンテンツを国際的に流通させる資本の論理を無視しては、食文化の移動性を論じることのできない時代になったのだ。食べ物の発祥論争が頻繁に起こるのも、食べ物という文化商品の価値を念頭に置いた資本の属性と無関係ではない。「元祖」という唯一無二の地位を獲得することでグローバル市場での商品価値を高めようという商業的意図が隠れているのだ。

パスタがイタリア料理だというのは常識だが、パスタの原型である麺料理は中国やアラブ圏のほうが古くからあった。また、スパゲッティソースの代表的な食材であるトマトは、帝国主義の時代に南米からヨーロッパに伝えられた野菜だ。そういう「ファクト」を根拠に、パスタの歴史はイタリアから始まった、いや違うと議論するのは、実に退屈なことだ。明太子スパゲッティやキムチグラタンなどフュージョンパスタがいくら大人気でも、「パスタの真髄はイタリアに学ぶべし」という事実には誰も文句はつけられない。イタリアほど情熱的にパスタを愛し、さまざまな食べ方を楽しむ国はほかにないからだ。

キムチも同じだ。韓国料理ほど、キムチのためなら手間暇惜しまず、戦闘的なまでにすべてを捧げてきた食文化がほかにあるだろうか。「おいしいキムチを食べたいなら朝鮮半島に行くべし」との主張には、一点の疑いの余地もない。

日本の大学社会と研究コミュニティ——研究コミュニティの開放性と柔軟性を考える

大統領選挙のキャンペーン期間になると毎回のように、各候補者をめぐる問題が飛び出してくるが、今回登場した論文スキャンダルはさすがに気になる。ある候補者の書いた論文が、引用であることが適切に示されておらず剽窃《ひょうせつ》だという。また別の候補者の夫人の書いた論文は、内容がお粗末なだけでなく、常識では考えられない「ミス」が英文タイトルに含まれており、学術的にとうてい認められない代物とのこと。学位論文をめぐる醜聞は、昨日今日に始まったものではない。学位欲しさに大学院に進学する人も多いし、政治家や芸能人がいい加減な論文のせいで話題に上ることも少なくない。

でたらめな論文を書いた当事者よりも、そんな論文で学位を与えてしまう大学のほうがずっと問題だろう。インターネット時代において論文の剽窃は、解決の難しい厄介な問題だ。当事者が剽窃と認識していない場合も多く、また、審査過程で見つけ出すのが困難な面もあるからだ。

　だが、まるで自動翻訳機にかけたかのような、へんてこな英語のタイトルのついた論文が学術誌に堂々と掲載されるというのは、研究者なら誰しも侮辱されたと感じるような深刻な事案だ。たった一度でも真剣に読んでいたらすぐに気づいたはずの、あり得ないようなミスだからだ。また、ある候補者の夫人が修士学位を授与された論文は、剽窃の疑われる可能性が実に四〇%を上回るとの報道もあった。そういう問題があっても、あれこれ言い訳をつけて検証しようとしない大学側の態度も理解に苦しむ。そんな調子では、「大学は学位製造工場だ」という世間からの不名誉な評価をみずから認めることになる。

日本の大学が論文の不正行為を公表——長期的には生き残るための道、との認識

　少し前、日本のある私立大学が、所属教授の論文盗用の事実と懲戒処分について公表した。大学ホームページに公開された文書によると、具体的な経緯はこうだ。この教授が昨年、単独名義で発表した学術論文の盗用の可能性を指摘する、第三者からの告発があった。内部監査の結果、その論文内の表現の七〇%以上が、当該教授の指導を受けていた学生の修士論文と同一であるとの事実が明らかになった。

　調査の場でその教授は「学生の論文は非常にすばらしいものだったが、本人は発表するつもりがないと言った。私の名前ででも発表する価値があると判断した」と強弁しながらも、著者名をきちんと明示しなかった過ちは認めた。経緯がどうであれ、論文盗用は非難されて当然の

ことだ。

ただ大学側は、みずから恥部を公開し、当事者の処分や再発防止の措置を決議しただけに、研究倫理を重んじるという名分は保った。日本の大学に在籍しているあいだに、大学が学位論文の審査に問題があった点を公表し学位を取り消した、という話をときどき見聞きした。当面は恥ずべき汚点をさらすことになっても、研究倫理や厳正な審査プロセスを強調することこそが、長期的には研究組織の生き残る道だとの認識があったということだ。

そういう観点で見ると、前述の論文スキャンダルをめぐる韓国の大学の消極的な対応には、あ然としてしまう。研究組織が公の名分を放棄するのは、組織存続の根幹を揺るがすことだからだ。一部には、大統領選挙の候補者に関連する事案だけに、党派的な判断のため対応に踏み切れないのではないか、との疑問を呈する人もいる。もし本当にそうだとしたら、ますます由々しきことだ。

日本の大学社会も多くの悩みや問題を抱えている。出生率の低下により、将来的な入学志願者の数が減りつづけているという事実は、韓日の大学に共通する危機だ。実際に、志願者確保のための大学間の競争は、高校三年生の大学受験と同じくらい熾烈だ。高い就職率、在学中の留学支援、外国語の能力テストや技術資格証取得への支援、といった大学PRの謳い文句は、まるで就活予備校を彷彿させる。大学の教授がみずから、各高校を対象に「営業」に走り回ったりもする。

志願者数や就職率といった量的な成果指標を達成するのに精一杯で、研究教育機関の長期的なビジョンについて考える余裕はない。保守的な性向ゆえ、改革課題に関しては韓国よりも状況が深刻だ。

とはいえ韓国と比べると、日本の大学や教授陣は、教育と研究という本分には忠実だ。以前、ある日本人の同僚から「韓国の大学教授は政治家や官僚に転身するケースがどうしてあんなに多いのか？」と質問された。そういえば、教鞭をとっていた人が国会議員に出馬したとか、ひそかに行政府のトップになっていたという話は、日本では聞いたことがない。もちろん、大学教授が政治家や官僚に転職するのが必ずしも悪いわけではない。特定分野の専門家として現実の政治に携わるのは望ましい面もあるし、異なる分野間での情報の移動性を高める効果もある。

学問の象牙の塔から一歩も出ようとしない頑なさも問題といえば問題だが、日本の大学の頑固で保守的な態度が、研究活動の客観性や名分を一貫して維持することに寄与しているのも事実だ。研究に関連した不正行為はいつでもどこでも起こり得る。研究倫理という最優先の名分を守るためには、誰もが納得できる公正で透明なやり方での自浄努力が求められる。

開放的で柔軟な研究コミュニティが活躍する日本の学界

日本にいたときから「モバイルコミュニケーション研究会」という団体の正式メンバーとして活動している。モバイルメディアとデジタルコミュニケーションを研究する人たちの集まりで、会のセミナーを聴きにいったのがきっかけとなり、十数年間、ともに研究活動を続けてきた。日本各地の大学教授が中心的な役割を担っているが、企業に所属している研究者、あるいは企業で研究とは関係のない業務に従事している専門家なども参加している。私が研究会に加わったあと、会として刊行された学術書籍は四冊で、うち二冊は英語圏で出版された。この研究会の学術的な専門性は、日本国内のみならず海外でも定評がある。

また別の事例もある。私がときどき顔を出している「現代風俗研究会」は、実に一九七六年に発足した会だ。基金やスポンサー企業からの支援なしに、研究者たちが自発的にお金を出し合って四〇年以上運営してきた。参加者たちのバックグラウンドも非常に多彩で、大学教授や研究者、学生はもちろんのこと、会社員や非営利団体の活動家、家庭の主婦などが、同等な立場で討論に参加している。研究者としては、そのように多様なバックグラウンドや考えを持つ人たちと話ができるだけでも大きな収穫だ。そのため、正式メンバーではないけれど、都合がつくときは参加するようにしている。

よくあることではないが、日本では、大学や研究所に籍を置いていない研究者がすばらしい学術的成果を出し、認められることもある。以前勤めていた単科大学の付属図書室の司書は、正式に学位を取得したことはないものの、年代物の古書に日常的に触れられるという職業上の特性を生かし、書籍の歴史についての興味深い論文を複数、学術誌に投稿している研究者だった。制度的な枠にとらわれず、純粋な学問的好奇心から知識の世界を探究することこそが、研究コミュニティの本来の姿ではないだろうか。

少なくとも、私が日本で携わっていた人文社会学的メディアの研究分野では、開放的で柔軟な研究コミュニティが現在も機能している。おかげで、制度化された研究組織の官僚的論理に振り回されることなく、長期的な研究活動が可能となっている。研究コミュニティの進む道に、官僚的、党派的な論理が介入するのは望ましくない。社会現象を客観的に省察する研究本来の目標に背くだけでなく、研究の透明性や中立性も損なわれてしまう。専門知識の情報に対する社会的信頼が落ちることは、社会の構成員の誰にとっても望ましくない。韓国の大学社会と政界が接近し過ぎていることには危うさを感じる。研究コミュニティの社会的責任について、あらためて考えてみる必要がある。

◆冷麺を求めて——動く食文化と盛岡冷麺

日本の地で冷麺を求めて旅立った、特別な初の長期休暇

ソバ香る季節だ。一〇年以上も前の思い出を振り返ってみよう。あれは日本で初めて大型連休を迎えたときのこと。特別な初の長期休暇に、東京から北東へ五〇〇キロも離れた盛岡

という街を訪ねることにした。千年の歴史を今に残す京都や、異国的な風景や気候で人気の沖縄や北海道は、日本でも有名な観光地だ。それに比べて盛岡は、わざわざ足を運ぶほどの遺跡があるわけでも、風光明媚というわけでもなく、外部からの訪問客が魅力を感じるような街ではない。平凡極まりないこの地方都市を、初の長期休暇の旅先に選んだのはなぜか？わが「ソウルフード」、平壌《ピョンヤン》冷麺に対する執念からだ。

　韓国で平壌冷麺は、今でこそ食通のあいだで大人気だというが、二〇〇〇年代初めはまだ、薄味で控えめなあの味を好む人は少数だった。〔冷たい麺料理が好まれる夏だけでなく〕真冬でも冷麺を食べにいくのはほとんどが年配の失郷民《シリャンミン》〔朝鮮戦争の際、今の北朝鮮の地域から韓国に避難してそのまま戻れなくなった人たち〕一家で、常連客でにぎわう平壌冷麺の店では北の地方の独特の方言が飛び交っていた。私は、父方が平安北道《ピョンアンプクト》の定州《チョンジュ》〔現在の北朝鮮の北西部にある市。平壌の北方に位置する〕出身、母方は平壌出身という、「生粋の」失郷民一家に生まれ育った。外食といえば北朝鮮式プルコギ、締めは水冷麺〔汁なしのピビム冷麺に対して、汁ありの冷麺。平壌式冷麺〕というのが定番だったので、平壌冷麺が「ソウルフード」になったのも無理はない。

　現在の北朝鮮地域にルーツを持つ家庭で育まれた「平壌冷麺愛」に、どうしてまた日本の地で火がついたのか。きっかけは、盛岡市内の食堂「食道園」が開発したという名物メニュー「盛岡冷麺」だ。食道園は、「元祖平壌冷麺──プルコギ」という、失郷民の心をときめかせる看板を掲げて営業中とのことだった。

盛岡の「元祖平壌冷麺」ストーリー

日本のネット情報によると、咸鏡《ハムギョン》道《ド》咸興《ハムン》〔現在の北朝鮮の東部にある市〕出身のヤンさんが一九五四年、盛岡に食道園という名の食堂をオープンし、看板メニューとして平壌冷麺を出すようになったという。

いや、ちょっと待った。ここで「あれ？」と疑問が湧く。咸興といえば、辛味ダレと力強い麺が魅力のピビム冷麺〔辛味ダレを麺にからめて食べる汁なし冷麺〕が有名な地域だ。平壌冷麺とは違い、麺にソバを使わず、スープを注がずに供するのが咸興冷麺の特徴だ。平壌の水冷麺と咸興のピビム冷麺は、どちらも冷麺という名がついているが、味の系譜はまったく異なる。咸興出身の店長が平壌冷麺を出す、という不可思議な説明に、疑問がむくむくと湧き上がってきた。

この食堂がオープン当初に出していた冷麺の麺は黒っぽいソバの色をしていたというから、最初は平壌冷麺を目指していたのは事実のようだ。盛岡で手に入りやすいソバを活用したのだろうと想像がつく。だとしても、濃厚な辛味ダレの味に慣れた咸興の人が、ほのかなソバの香りが魅力の平壌冷麺を再現するのは容易ではないはずだが？　案の定、当初のメニューは酷評続きだったという。

味の改良に乗り出した店長は、しばし背を向けていた故郷咸興の味へと路線を変更した。ソバの代わりにジャガイモのでんぷんをたっぷり加えてコシのある麺を打ち、咸興冷麺系統のやや甘みのある辛味ダレを使いつつも、辛い味に不慣れな日本人のためにユクス〔肉の茹で汁〕を注いで味をマイルドにした。こうして、平壌冷麵の名を借りてはいるが味はまったく異なり、辛味ダレと食感は咸興冷麵ふうだが麵の太さや味の配合はまったく異なる、独自の「盛岡冷麵」が誕生した。最初はとっつきにくかったこの麵料理が、若者を中心にじわじわと人気を集め、いつしか地域を代表する名物料理になった、という話だ。

食道園は、「本場の味」の商標を使ってもよいという、日本の公正取引委員会の許可も受けた、名実ともに「元祖の店」だ。味の路線は変わったが、最初に掲げた「元祖平壌冷麵」という看板は今もそのままだ。味は変えてもキャッチフレーズは変えようとしなかった、失郷民実業家のこだわりが感じられる。

私はそういう事情をまったく知らないまま、テレビのグルメ番組でふと目にした「元祖平壌冷麵」という看板に心を奪われ、盛岡行きの列車に乗り込んだのだ。本場の平壌冷麵の味を期待していたので、チョルミョン〔コシの強い太めの麵〕のような噛み切りにくい麵と甘めのスープに、それはもう言葉では言い表せないほどの失望を味わった。今では「盛岡冷麵」を、独自の魅力を持つ食べ物と捉え、わざわざ食べにいったりもするけれど、当時は、平壌冷麵でも咸興冷麵でもない正体不明の冷たい麵料理に、したたかに裏切られた気がしたものだ。

伝えられた食文化が新たな地に定着する過程

文化はひとところに留まることはない。今のように交通手段や情報技術が発達する前は、家がなく路上を転々とする生活は「苦難」の代名詞だった。かつては、そういうさすらいの人生を、東へ西へと走りつづけねばならない哀れな駅馬の運命になぞらえたという。文化の移動もやはり苦難の過程だった。多くの場合、戦争や植民地の開拓、飢饉や自然災害による移住など、強制的、暴力的な状況において移動は起こった。自然災害の被害が大きいほど人々はより遠くまで移動し、戦争が長引くほど文化は速く広がっていった。

朝鮮半島の歴史を見ても同じことが言える。日本統治期は、植民地主義の暴力によって文化の移動性が爆発的に高まった時期だ。人々は強制的に、あるいは食べていくためにやむなく移住し、その中で習慣や考え方も移動し、混じり合った。

伝えられた文化が新たな地に根づく過程は、けっして生易しいものではなかった。試行錯誤を繰り返す中、必然的に文化も変化していった。咸興冷麺に味のルーツを持つ「盛岡冷麺」が誕生した経緯は、朝鮮半島から日本列島へと伝えられた食文化が新たな地に定着していく過程そのものだ。その中で、ほんの一瞬だが平壌冷麺の路線を目指していたというのは、文化の移動性の中に隠れたブラックユーモアとも言える。

移動する文化の性質に関連して「周辺部に行くほどオリジナルの文化が残っている」という主張もある。食文化で例を挙げると、正統フランス料理は、本場フランスよりむしろ、長年フランスの植民地だったベトナムでのほうが長く残っている可能性が高いということだ。

熾烈な競争の中で変化を遂げてきたパリのレストランよりも、一九世紀に「移植された」まま保全されているホーチミンのフレンチレストランのほうが「本物」に近い味を再現しているかもしれないというのだから、興味深い一説だ。

敏感な読者ならここで、「『本物』の味とはいったい何だ?」という鋭い質問を発するかもしれない。実にまっとうな指摘だ。だが、「オリジナルの味」という響きは美食家を惹きつけてやまないものである点も理解してほしい。冷麵マニアを自負する私が「盛岡冷麵」なるものに抗いがたい好奇心を覚えたのは、「本物の」平壌冷麵を味わえるかもしれないという生半可な希望ゆえだった。

平壌冷麵と蕎麦《そば》、東京で意外な展開を迎えた冷麵探究

盛岡で懐かしの平壌冷麵の味を堪能するという野望は見事に失敗に終わったが、私の冷麵探究は、「ノーマーク」だった東京で意外な展開を迎えた。平壌冷麵はソバへの強いこだわりが感じられる食べ物だが、その点では、日本のざる蕎麦と味の方向性が似ていることを発見したのだ。ソバの香りと食感を重視する冷たい麵料理という点で、それら二つは意外と近い親戚関係にある。

蕎麦の味は意外とスペクトラムが広く、地域や店によってさまざまだが、一口含んだ瞬間に平壌冷麵のあっさりした風味を思わせるのは、関東地方で出される繊細で香り高い蕎麦だ。

弾力はあるが容易に噛み切れる麵といい、ソバの香りを引き立てるためできるだけあっさり仕上げたスープ（ざる蕎麦のつゆ）の味といい、さらには、温かいそば湯を添える習慣まで似ている。平壌冷麵とざる蕎麦のひそかな共通点の裏にはどんなエピソードが隠れているのだろう。一度は探究してみたいテーマだ。

第4章　国境を行き来するメディアと韓日関係

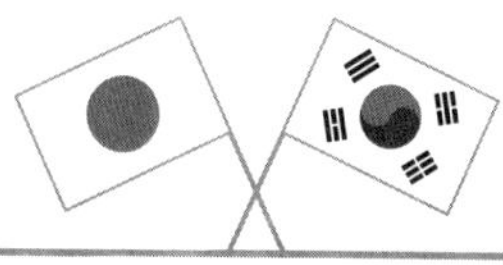

嫌韓の実体は何なのか？――韓日関係を支配してきた嫌韓論

なかなか改善しない韓日関係のせいだろう。「嫌韓」について質問を受けることが、とみに増えた。嫌韓とは、韓国または韓国人に対する強い偏見や嫌悪感情を意味する言葉で、一九九〇年代初め、日本のある右翼雑誌で取り沙汰されるようになった。当時はまだ正体のはっきりしない概念だったが、今では韓日関係の障害物と認識されるほど存在感が大きくなっている。

今の日本社会において嫌韓は明白な社会現象だ。韓国社会への偏った批判が綴られた書籍がずっとベストセラーになっている。右翼の政治家は公然と嫌韓発言をして排他的な保守勢力を結束させる。テレビの時事番組の出演者からも、わざとなのか、うっかりなのか判断のつかないような嫌韓発言がしばしば飛び出す。日本に、嫌韓感情に同調する人たちがいて、またそれを政治的に利用する勢力が存在しているのは間違いない。

かといって、日本社会に嫌韓が蔓延しているという意味ではない。「ヘイトスピーチ」への反対運動を熱心におこなう市民もいるし、日本政府の歴史修正主義を積極的に批判する勢力も存在する。インターネットが発達し、関連情報が量的にも質的にも豊富になったぶん、韓国を見る視点も多様化した。友人や恋人、家族間など、国境を越えた私的な交流は、以前とは比較にならないほど増えた。韓国料理やK-POP、ドラマ、ウェブトゥーンといった韓国の文化コンテンツの人気も上昇中だ。嫌韓が日本社会の政治的キーワードであるのは事実だが、さまざまな分野で韓国社会への親近感が高まっているのも確かだ。「日本社会＝嫌韓」という図式は、状況を過度に単純化するものだ。

嫌韓は韓日のマスメディアの「キャッチボール」の中ですくすく育った

韓日両国において嫌韓という言葉の存在感が大きくなった経緯について考えてみる必要がある。この言葉が初めて登場した一九九〇年代初め、日本社会は韓国について無知だった。日本社会が過去の過ちを繰り返さないためには、朝鮮半島を侵略した歴史をしっかりと記憶しておかなければならない。そういう意味で、被害を与えた相手国の現在の状況についても、よく知っておく必要がある。韓国人にとっては、「日本社会は韓国をよく知らない」という事実自体が問題に思える。

ただ、当時、日本社会がアジアの隣国には注目していなかったというのは事実だ。経済的、文化的な交流が目に見えて増えていたアメリカや西欧に、すべての関心が向けられていた。その点を考えると、嫌韓の風潮が日本社会でずっと前から続いてきた明白な社会現象だと見るのは、やはり無理がある。韓国への関心そのものが薄いのに、強い嫌韓感情など生まれようがないのだ。

実は、嫌韓という言葉が言及されたのは、韓国のほうが先だった。一九九二年四月、韓国の放送局MBCテレビが制作、放映した歴史ドラマ「憤怒の王国」で、日本の天皇が狙撃されるシーンが電波に乗った。架空の物語ということになってはいたが、天皇の実際の即位式の場面が資料映像として用いられるなど、日本の右翼勢力を刺激するような要素があった。ドラマ放映の三日後、日本大使館は韓国政府に遺憾の意を伝えるなど外交的な意思表明をし、日本の極右勢力が横浜の韓国総領事館に乱入する事態にまで至った。

当時は、それまで水面下にあった戦時の慰安婦問題が顕在化し、歴史をめぐる韓日間の意見の相違があらわになったセンシティブな時期だった。朝鮮日報や中央日報など、韓国の保守系大手紙はこの事件を大々的に取り上げ、「日本に嫌韓の雰囲気がある」と懸念を示した。すると今度は、朝日新聞や読売新聞など日本のマスメディアが一斉に、韓国の記事を引用する形で「韓国では、日本の嫌韓の雰囲気を懸念している」という記事を出しはじめた。国境をまたいでの韓日メディアの「キャッチボール」が何度か繰り返されるうち、ついには日本の各新聞社が「日本国内の嫌韓の雰囲気を懸念する」という社説を掲載するに至った。いつの間にか嫌韓が既成事実化されてしまったのだ。[*9]

韓日両国のメディアは、懸念というニュアンスで言及することで嫌韓感情が収まることを願っていたのかもしれない。だが、極右勢力にとってこの状況はむしろ勢力拡大のチャンスだった。嫌韓を叫べば叫ぶほど、社会の注目を集めたからだ。嫌韓は極右勢力の定番のスローガンとなり、今ではその勢力が中心となって嫌韓発言や反人権的な行動を繰り返している。

たとえば、「在日特権を許さない市民の会」、略して「在特会」と呼ばれる団体は、在日コリアンや韓国人へのヘイトスピーチを日常的に繰り返す、代表的な嫌韓勢力だ。この団体が発足したのは二〇〇六年。韓日のマスメディアが揃って、正体不明の「嫌韓」を懸念しはじめてから、実に一〇年以上もあとのことだ。

一九九〇年代以前にも、日本社会に韓国への反感が一部存在していたのは事実だ。極右人物の突発的な嫌韓発言が問題になることはあったが、そういう意見を支持する特定の勢力は存在しなかった。そう見ると、嫌韓という「幽霊」を政治勢力へと育てたのは韓日両国のマスメディアだったと言える。表面的には、隣国に対する差別や嫌悪を懸念するというニュアンスだったが、結果的には、絶妙のタイミングで、かつ効果的に、このスローガンを政治論争の「主流」へと押し上げる踏み台の役割をしたのだ。当時はまだインターネットが広く普及する前で、外国の状況はマスメディアの特派員の伝える情報に全面的に依存していた時代だ。韓日のマスメディアが協力し合う形となった、嫌韓をめぐるキャッチボールのリレーに、疑問を呈したり批判したりするような主体すら存在しなかった。

＊９　一九九〇年代の嫌韓に関する分析は、主に『ネット右派の歴史社会学――アンダーグラウンド平成史１９９０―２０００年代』（伊藤昌亮、青弓社、二〇一九）を参照した。

韓日関係を支配してきた嫌悪に代わる言葉を探すべき

アメリカのジャーナリスト、ウォルター・リップマンは、初期のマスメディア研究に大きな影響を及ぼした思想家だ。有名な著書『世論』（一九二二）〔邦訳書は掛川トミ子訳、岩波文庫〕の冒頭に、こんなエピソードが紹介されている。

一九一四年、広大な海に囲まれた島で、イギリス人とフランス人、ドイツ人が暮らしていた。島には電気通信設備がなかったため、住民たちは、イギリスから二カ月に一度船で届く新聞を通して外の世界のことを知った。久しぶりに郵便船が到着した日、住民たちは「六週間前にイギリスとフランスの連合軍がドイツとの戦争に突入した」という驚くべきニュースに触れた。実際、その六週間も彼らはいつもどおり助け合いながら平和に暮らしていたが、もしも外の世界にいたら、誰かは誰かと協力し、また別の誰かには敵として銃口を向けていただろう。

リップマンはこのエピソードを通して、私たちの認識している外部の世界は、実は、マスメディアの伝える情報に依存して再構成された「疑似環境」であるという点を強調する。私たちの認知している外部の世界はありのままの姿ではなく、メディアというレンズを通して一次的に「加工」された結果だというのだ。だが、私たちは情報に依存して外部の世界を認識するにとどまらない。その認識をもとに行動し、実践する。つまりメディアの伝える情報は、それ自体が社会的影響力を持って現実の世界を構成する力となるのだ。私たちが一〇〇パーセント嘘の中で生きているとは言えないが、メディアを通して再構成された疑似環境が現実世界での意味を誇張または縮小、歪曲する可能性は充分にある。韓日のマスメディアのキャッチボールの中で、無視することのできない政治勢力へと進化した嫌韓は、「情報が現実を作る」という疑似環境の本質をまざまざと示している。

韓日両国のメディアが次々と発信する相手国に関する情報は、依然として非常に危なっかしい。両国に存在する多様な意見や観点のスペクトラムをバランスよく伝えようとする努力は乏しく、互いに対する否定的な感情を刺激する扇情的な観点や極端な事例ばかりを報じているように見えるからだ。

韓国メディアの描写する日本は、極右思想や排他主義にまみれた嫌悪の社会だ。一方、日本メディアは韓国社会の反日感情を不必要に際立たせ、人々の感情を刺激する。外交的には韓日関係がギクシャクしていても、歴史問題や戦時の人権蹂躙《じゅうりん》問題など、韓日の市民社会が互いに連帯し対応できる懸案も少なくない。それなのに、両国のメディアが絶え間なく発信する否定的な情報が未来志向的な現実認識を妨げ、そういう連帯の可能性すら遮断しているのではないかと心配だ。

言葉には奇妙な力がある。私たちは、言葉は現象を記述する手段だと考えがちだが、逆に、言葉で表された現象が私たちの考えを支配することは多々ある。嫌悪という言葉は長いあいだ韓日関係を支配してきた。そろそろ、それに代わる言葉の糸口を探すべきではないだろうか。

日本の韓国を見る目はどう変わったか?
――二一世紀の大衆文化の交流で高まった認識、偏ったイメージも拡散

長いあいだ、日本人にとって韓国はよく知らない隣国だった。二〇〇〇年代の初めでも、「韓国でも箸を使う」「韓国料理でも醤油や味噌は重要な調味料だ」と聞いて驚く日本人が少なからずいた。植民地主義の歴史の中で根づいた漠然とした差別意識もあっただろうが、実際のところ、一九九〇年代以前の韓国に対する日本社会の実態は「無知」の一言に尽きる。敗戦後、日本社会は、西洋の世界を追うことが再起への唯一の道だと固く信じていた。隣国の歴史や文化に関心を寄せるような余裕も気持ちもなかった。

日本社会が韓国という国に関心を持ちはじめたのは比較的最近のことで、良くも悪くも、ドラマや大衆音楽など商業的な文化コンテンツが火付け役となった。実際に日本の韓国観も少しずつ変化してきたが、特に二一世紀に入ってから、韓国を見る日本の視線は大きく変わりつつある。一部は韓国社会の変化が反映された結果であり、また一方では、韓国社会に対する日本社会の相対的自意識が如実に表れた結果と見るべきだろう。日本社会が韓国社会を見る目はどのように変わってきたのだろうか?

二〇〇二年の韓日ワールドカップを機に関心を持つ

　奈良で教鞭をとっているT教授は、二〇歳になる一九八三年に韓国を旅したことがあるという。大学に入ったばかりの血気盛んな青年は、「韓国は、行ったことのある人が周りに一人もいない未知の国だから」という理由で旅行先に選んだ。一九八八年のソウルオリンピック開催以前に純粋な文化的好奇心から韓国を訪れたという外国人は、私が会ったことのある中では彼が唯一だ。

　彼は鉄道マニアらしく、懐かしのピドゥルギ号〔二〇〇〇年に全廃された普通列車〕に揺られて大邱《テグ》からソウルまで何時間もかけて行ったという武勇伝を披露してくれた。彼の回想によると、一九八〇年代のソウルは「明るい原色の服を着た人が多く、まるでイタリアに来たかのような陽気ではつらつとした印象」だったという。二〇〇〇年代に入って再訪したソウルは「日本のように地味な無彩色の服を着た人が増えていて、ちょっとがっかりした」というユニークな感想も聞かせてくれた。

　一九九〇年代まで、日本社会の見る韓国は「近くて遠い隣国」というより「ただただ遠い隣国」だった。暗い影を落とす歴史のせいか、韓国という国にはなんとなく暗い印象があるだけで、ほとんどの日本人は韓国についてよく知らなかった。マニア気質が多分にあるT教授のように、あまり知られていない国だということでむしろ魅力を感じる人もいなくはなかっただろうが、一九九〇年代半ばまで、日本社会において韓国または韓国文化がスポットライトを浴びることは稀だった。両国間の文化交流は冷え切っていたし、インターネットのない時代だったので韓国に関する情報に簡単に触れることもできなかった。同時期、韓国では、賛否分かれる世論の中でも日本の大衆文化がかなりの人気を博していたのとは対照的だ。

二〇〇二年のサッカーワールドカップの韓日共同開催後に両国の新聞社が共同で調査した結果によると、日本人の五三％が「ワールドカップを機に韓国に親近感が湧いた」、七九％が「両国の関係が改善すると思う」と答えた。同じ質問に対して韓国人は五四％が「ワールドカップを機に日本に親近感が湧いた」、七九％が「両国の関係が改善すると思う」と答えている。

数値だけを見ると両国とも同じような結果に思えるが、内実はかなり異なっていた。韓国では、日本のアニメや漫画、大衆音楽などが秘密裏に輸入され、すでにマニア層が形成されているほどだったが、日本ではようやく韓国文化への関心が芽生えたばかりだった。

ワールドカップの韓日共同開催は、日本社会が韓国という隣国に真剣に関心を持ちはじめるきっかけとなった。ただ、韓国はベスト4に進出した一方で、日本はベスト16で敗退という結果に終わり、大会を共同開催した両国の自尊心を微妙に刺激するような形で最初のボタンがかけられた、という点は興味深い。

二一世紀以降、大衆文化を鏡として変化した韓国観

二一世紀に入り韓国ドラマが日本で放映されるようになったことで、韓国に対する関心は本格的に高まりはじめた。特に、二〇〇三年にNHKで放映されたドラマ「冬のソナタ」は日本の女性たちのあいだで大人気となり、「韓流」ブームが巻き起こった。ありふれたこのラブストーリーが彼女たちの心をガッチリつかんだ理由については諸説あった。俳優の容姿に好感が持てる、ドラマの美学的な完成度が高い、などさまざまな分析があったが、愛のためにすべてを捨てる男性主人公の一途さが、日本では見なくなって久しい純愛物語への郷愁を呼び起こした、という説がおおむね支持されていた。

だが、初期韓流の厚いファン層を形成していた中年女性たちから直接話を聞いてみると、どうやらそうではない。古臭い純愛物語に郷愁を覚えたのだろうという世間の見方とは正反対に、陳腐になりがちなメロドラマの感性を、ピュアで洗練された雰囲気で描き出しているのが新鮮だ、という反応がほとんどだ。日本のマスメディアではなかなか見られない新しい美学や世界観を見せてくれる点に魅力を感じる、というのが、彼女たちの共通した意見だ。そういう点では、「韓国の大衆文化は日本社会のレトロな感性を刺激した」との意見には反論の余地がある。

個人的に注目しているのは、日本の大衆文化はおおむね男性の好みに照準を合わせていると いう点だ。そのせいで日本の主流文化から疎外されていた女性たちの好みを、韓国のドラマがガッチリ満足させたということだろう。日本の大衆文化業界は、自国の中年女性の文化的力量を過小評価する傾向がある。当時の韓流ブームについても、彼女たちが新たな文化的嗜好を開拓したというよりは、ただ「旧時代的な感性」をすんなり受け入れただけだと捉えていたのではないだろうか。

ともかく、ワールドカップ共同開催を機に、韓国に対する無知が関心へと変わり、韓流をきっかけに、その関心が積極的な好奇心へと進化した。だが、そのころの日本社会は韓国について、「一生懸命日本を追いかけている国」という点をしきりに強調していた。韓国ドラマの人気を認めながらも作品に対する評価はやや辛口だったのも、そのことと無関係ではないだろう。

ところが、二〇一〇年前後に韓国の大衆音楽が「K-POP」の名で人気を博しはじめたことで、そうした解釈も苦しくなった。商業性と大衆性を兼ね備えた韓国の大衆音楽に反応する若者が増え、「韓国の大衆文化は郷愁を刺激するのだろう」という日本社会の見方は、つじつまが合わなくなったのだ。

日本の若者たちは、K-POPを聴きながら韓国ふうのファッションやメイクを研究し、韓国アイドルのダンスを練習し、韓国料理店でチーズタッカルビに舌鼓を打つ。それらの良さを、SNSの主役とも言える一〇代たちが積極的に発信することで、日本社会の論調も、韓国の大衆文化の商業性や大衆的人気を認める方向へと変わりつつある。特に若者層やインターネット文化において支持を得ている韓国の大衆文化には、最先端、新しい、洗練されている、といったイメージがプラスされた。

そういう状況なので、文化商品の大衆性という面ではいまや韓国が日本を上回っているとの分析もあるし、どうして日本は韓国のようにできないのかという叱咤も聞こえてくる。もはや、韓国は日本を追いかけている国だ、とは言えなくなったのだ。

大衆文化がすべてではない

既成世代にとってはよく知らないうえにどこか暗いイメージのあった隣国が、若い世代には少なからぬ文化的影響力を発揮するようになった。日本社会は、予期せぬ変化に戸惑いと危機感を同時に覚えながら、韓国社会との接点を増やしつつある。日本社会が韓国社会を見る目は変化してきた。韓国の大衆文化が導火線の役割を果たしたのは事実だが、この間、韓国企業の国際的競争力も、韓国政府の外交的影響力も着実に大きくなってきた。そうした複数の分野にわたる韓国社会の成長は、日本社会の韓国観を変化させる原動力の一つではあるだろう。だが、韓日関係に対する日本社会の相対的自意識が明らかに変わりつつある、という点にも注目しなければならない。

少し前、Ｋ‐ＰＯＰ好きの日本の若者たちと話をしている途中、例によって「韓国は整形王国だ」「美の基準が画一的だ」との批判が飛び出し、苦笑いしたことがある。大衆文化の批評としては重要なテーマだが、せっかくの韓日文化交流の場で、それらが韓国社会を代表する問題であるかのように取り上げられたのは残念だ。韓国の大衆文化の影響力が大きくなっている のは興味深い現象だが、韓国社会に対するイメージがそれ一色になりがちなのは気がかりだ。

大衆文化が現代の韓国社会を表す重要な一面であるのは間違いないが、また一方で、韓国全体をバランスよく映す「鏡」ではないという点も明らかだからだ。

韓国の日本を見る目はどう変わったか？
——「憎くても学ぶべき国」から「近くて親しみのある観光地」へ

韓国が日本を見る目にはたいてい良からぬ感情がこもっている。日本帝国の植民地主義という暗い歴史のせいで、あるいは、外交的にも文化的にも競争意識が起こりやすい隣国同士ゆえ、そうならざるを得ないという側面もある。その一方で、「日本から学ぶべきことは学ぶべきだ」との意識が深く根づいているのも事実だ。だが、そういう認識も、もはや過去のものになったということを、最近とみに感じる。韓国社会が日本社会を見る目が変わりつつあるのだ。

「日本が憎くても学ぶべきことは学ぶべきだ」

日本では一九六〇年代を「高度成長の時代」と呼ぶ。第二次世界大戦の惨憺たる敗北からわずか二〇年も経っていないその時期に、日本経済は目を見張る成長を遂げた。朝鮮半島で勃発した朝鮮戦争〔一九五〇—五三年〕による特需や、一九六四年の東京オリンピックを意識した景気浮揚策など、当時の国際情勢とも絡んだ複数の状況が、日本の経済発展を牽引したのだ。ただ、そうした時代背景をテコにアメリカ企業を脅かすほどに成長した、日本の製造業者の底力も侮れないものがあった。自動車や家電など、最先端の技術力を誇る製品の競争力が世界市場で認められ、日本は貿易大国へと跳躍した。戦争の廃墟から見事に再起し、たった数十年で経済先進国へと成長したのだ。

一九八〇年代には、欧米屈指の企業がこぞって日本企業を「ベンチマーキング」の対象とした。アメリカの企業が柔軟な労働市場や分業による業務の合理化を重視していたのに対し、日本企業は終身雇用制を維持し、家族的な雰囲気で組織への忠誠心を引き出すなど、アメリカとは正反対の経営方針を堅持した。「オイルショック」による世界的な不況の中、この独特の戦略は「一人勝ち」した。めざましい経済成長に感嘆する一方で「日本人はエコノミックアニマルだ」という侮蔑的な言葉が欧米から出てきたのも、この時期だった。文化的に馴染みのないこの島国の快進撃が、欧米人の目には相当不可思議に映ったのだ。

一方、韓国社会は、隣国日本の成功神話をまったく違うふうに受け止めていた。朝鮮戦争の苦難から立ち上がり先進国への跳躍を夢見ていた韓国にとって、わずか数十年のあいだに敗戦国から経済大国へと変貌した日本の事例は良い刺激となった。異質な欧米式の資本主義よりも、文化的に似ている日本の成功事例のほうが手本にもしやすかった。韓日国交正常化（一九六五）を経ても植民地時代の傷による情緒的な反感は依然として存在していたが、「日本が憎くても学ぶべきことは学ぶべき」との認識が根づいたのはそのころだったと言えるだろう。

日本文化を「参考書」とする

一九九〇年代、韓国の大衆文化の業界では、日本の最新トレンドをこっそり真似ることが公然の秘密となっていた。放送業界では日本のテレビ番組の内容を少々「拝借」し、アパレル業界では東京のファッションの中心地、渋谷でひそかに動向を調査した。日本の歌謡曲をあからさまに剽窃した歌がヒットチャートに登場することもよくあった。当時は、テレビで日本のドラマや映画、歌などを放映することは禁じられており、海外旅行の機会もそうなかったため〔海外旅行が全面的に自由化されたのは一九八九年〕、人々は日本のものが盗用されているという事実すら知らなかった。日本の大衆文化を締め出していたことが、逆説的に「パクリ」行為をあおる形となったのだ。

文化的事大主義との批判を招きそうだが、当時、日本の大衆文化産業が急速に成長していたという事実も無視することはできない。今はK-POPが世界的に注目を集めているが、そのころはJ-POPが「ホット」だった。扇情的、商業的だとの批判もあったが、日本の音楽やテレビ番組、漫画、アニメなどは、その洗練された娯楽性や幅広い多様性で、アジアで広く愛されていた。

一九八〇年代から韓国の若者たちのあいだで日本の漫画本やファッション雑誌の海賊版が大人気だったという事実はよく知られている。実はそれよりずっと前から、日本の文化商品はヒットの兆しを見せていた。一九七〇年代には日本の大河小説が翻訳、出版され、人気を博した。歴史小説に登場した〝日本史の風雲児〟徳川家康がいきなり脚光を浴びたり、日本のテレビドラマ「おしん」のノベライズ本が翻訳されてベストセラーになったりもした。

当時も、日本の「低級な」消費文化は若者の精神をむしばむと懸念する声はあったが、実は、日本の文化に先に好感を示したのは、若者ではなく中高年層だった。日本の大衆文化が段階的に開放されはじめる一九九八年以前は、日本文化は、韓国の大衆文化業界が机の引き出しに隠しておき、こっそり開いて見る「参考書」のような存在だった。

日本観の変化、実は変わったのは韓国社会だ

そういう雰囲気も、いまや過去のものとなった。それもそのはず、世界の最先端技術の市場において日本企業の存在感が薄れた一方で、韓国企業は善戦している。韓国のアイドルグループの歌が海外の有名ヒットチャートに登場するなど、Ｋ－ＰＯＰは世界的なヒット商品となった。インターネット時代が幕を開け、企業経営や文化産業のパラダイムも大きく変化した。わざわざ昔の日本式経営を手本とする必要も、日本のテレビ番組や音楽をこっそり真似る必要もなくなったのだ。

そこへもってきて福島の原発事故やコロナパンデミックへの日本政府の対応がお粗末とくれば、「先進国だと思っていたのに失望した」という声も出てくる。とはいえ、そういう発言を

するのも、ある程度年配の世代だ。若い世代にとって日本は「オタク趣味を満喫できる場所」あるいは「おいしい寿司が食べられる旅行先」に過ぎず、昔韓国が手本としていた国だと言われてもピンとこない。韓国社会が日本社会を見る目が変わりつつあるのだ。

日本企業や日本の大衆文化が輝きを失ったのは、かつてのような活気がない日本の社会像をある程度反映した結果と言えるだろう。だが実は、韓国が「日本を手本にしよう」と言っていたころにも、日本社会は数多くの矛盾や課題を抱えていた。当時は韓国社会も自分たちの課題で精一杯で、日本のそういう面があまり見えていなかっただけだ。一方、今の日本社会にも強みはあるし、学ぶ点はある。だが、経済的にも外交的にも大きく成長した今の韓国社会にとって、そういう面はあまり目に入ってこないのだ。

見る観点によって見えるものも変わってくる。日本社会に対するイメージが「憎くても学ぶべき国」から「近くて親しみのある観光地」へと変わりつつあるのは事実だが、それは必ずしも日本社会の変化を客観的に反映した結果であるとは言えない。そうではなく、変わりつつあるイメージの中に、韓国社会が日本社会をどのように理解しているのか、あるいはどのように理解したいと思っているのかが溶け込んでいる、と考えるほうが妥当だ。

あらためて振り返ってみると、韓国社会が日本を見る観点には、禁欲主義的な事大主義が潜んでいたような気もする。憎い相手から学ばねばならないなんて、どんなにつらく苦しいことか。今はそういう重苦しい気持ちも薄らいだ。ようやく同じ目の高さで日本社会を直視し、こじれた問題を冷静に見つめる余裕ができた、とも言えるだろう。そろそろ韓国社会も、淡々とした気持ちで日本社会の素顔と向き合う時だ。

嫌韓の悪質コメントの文化的起源
——時には「悪質レス」より「ノーレス」のほうが良い場合も

日本のインターネットで韓国は悪口のネタだ。コロナ禍の初期、韓国政府の先制的な感染対策が世界的に高く評価されていたときも、日本では「韓国のように検査をしすぎると医療崩壊を招く」との主張が多かった。日本で高まっている嫌韓論も影響を及ぼしていたのだろう。「日本のほうが韓国より死亡者数が少ない。日本政府の感染対策が韓国より成功している証拠だ」という意見が一時期ＳＮＳで支持されていたが、わざわざ論理的根拠を持ち出してまで悪口を合理化しようとする姿勢には、ある意味感心する。[*10]

＊10　二〇二二年三月末時点で、新型コロナによる日本の致死率は〇・四四％と、韓国の〇・一三％の三倍以上だった（https://coronaboard.com/global/ 参照）。

互いに悪口を浴びせ合う韓日のインターネット文化

私には、そういったネット上の書き込みの正誤を一つひとつ確認するような素質もなければ趣味もない。それよりも私が知りたいのは、どうして日本では何かにつけて韓国がネタになるのか、ということだ。二〇〇〇年代以降、韓国が日本での「ホットイシュー」であるのは間違いない。未解決の歴史問題やこじれた外交事案などがニュースをにぎわす一方で、K－POPや韓国料理などにも関心が集まっている。だが、韓国関連のニュースにはほぼ例外なく否定的なコメントがつくし、ひどい場合には、韓国と直接関係のない事案のコメント欄にも突如として韓国というキーワードが登場し、悪口へと一変することもある。

韓国のインターネットも状況は似たりよったりで、少なくともマシということはない。日本関連のニュースには、ろくな書き込みがない。日本政府の消極的な感染対策を懸念するネットニュースには、「東京ではもうすぐコロナによる地獄の門が開くだろう」という不吉なコメントがつく。「地震が起こるだろう」「経済が完全に破綻するだろう」と予想する、呪いに近いコメントも少なくない。

互いへの良からぬ感情むき出しのコメントがつく背景には、悪化の一途をたどる韓日関係があるのだろう。二〇一〇年代半ば以降、政治、経済、文化など、ギクシャクしていない分野はないと言えるほど、韓日間の交流は滞り、互いに対する好感も冷めつつある。だとしても、直接関連のない事案にまでわざわざ隣国のことを持ち出して罵倒するのは奇怪なことだ。韓国と日本のインターネット文化を観察している私の目には、両国のネットユーザーのそういう姿は、単なる「非好感」を超え、非理性的な執着のように見える。

国境を股にかける「翻訳組」、いち早くコンテンツを届ける

インターネットの情報交流を妨げる最大の壁は言語だ。だが、自発的に韓国語を日本語に、日本語を韓国語に翻訳して届ける「翻訳組」の活躍は、その壁をあっという間に壊す。韓国のほやほやのニュースがいつの間にか日本語に翻訳されてソーシャルメディアに出回っている。朝放送された日本のテレビ番組が、夕方には字幕付きのキャプチャー画面となって韓国のネット掲示板で紹介されている。両国のニュースに書き込まれたコメントまでご丁寧に翻訳されていることもある。日本のSNSでは韓国関連の情報を追うフォロワーたちが目を皿にしてスタンバイしているとしたら、韓国のネット掲示板ではいつでも日本のコンテンツを拾ってくる気満々のユーザーたちが活躍中だ。

自発的な翻訳という労働は、隣国に対する純粋な好奇心によるものとは限らない。社会的な問題に関しては、相手の弱みを暴いてやろうという意図や、事態をこじらせてやろうという意図が多分にある。意図がどうであれ、国境を越えて迅速にコンテンツを届けるユーザーたちの機動力と情熱は認めざるを得ない。

朝鮮日報や中央日報など韓国の一部新聞社は二〇〇〇年代初めから、記事を日本語に翻訳したコンテンツを日本のポータルサイトに提供してきた。朝日新聞や読売新聞など旧来からある日本のメディアはインターネットでも有料購読を基本としているので、ポータルサイトにコンテンツを提供したがらない。そのため日本のポータルサイトとしては、韓国の新聞の翻訳記事を敬遠する理由がないのだ。アクセス数が多く、コメントもどんどんつくので、ページビューを増やすうえでも有利だからだ。

韓国の新聞の翻訳記事をせっせと載せるポータルサイトや、韓日の翻訳組が活躍するSNSやネット掲示板のおかげで、日本で出回っている韓国関連の情報は、量的な面では相当なものだ。ネットユーザーたちは隣国の世論を意外と正確に把握しているし、時には政府の公式発表よりも事案に深く通じていることもある。問題は、そうした状況が必ずしもポジティブな結果を生むとは限らない、ということだ。

二〇〇二年の「enjoy Japan/enjoy Korea」失敗に終わった韓日交流プロジェクト

韓国と日本が互いに悪口を浴びせ合うインターネット文化が生まれたきっかけを、はっきりと特定するのは難しい。ただ、二〇〇二年のワールドカップ韓日共同開催を前に韓国のポータルサイト「ネイバー」の開設した「韓国語・日本語自動翻訳掲示板」が、両国のネットユーザーが互いをライバルとして認識するきっかけとなったという点では、研究者たちの意見がおおむね一致している。

この掲示板は、国境を行き来するデジタル情報の増加が必ずしもポジティブで建設的な結果につながるわけではない、という点を如実に示す事例だった。掲示板は、韓国では「enjoy Japan」、日本では「enjoy Korea」の名称で運営された。韓国と日本のユーザーたちが母国語で文章を書き込むと、自動で翻訳されて相手国の言語でも表示されるというものだ。自動翻訳のクオリティはそう高くはなかった。だが、それなりに意思疎通が可能なレベルではあったので、リアルタイムで討論しているかのようなコミュニケーションがおこなわれていた。

ところが、韓日の文化的な接点を広げようという掲示板の趣旨も虚しく、討論を重ねるほどに、両国のネットユーザーのあいだには、妥協できない観点の違いばかりが目立つようになった。互いを知るほどに好感が生まれるどころか誤解が深まるばかりで、その結果、不毛な論争が後を絶たなかった。ある意味、韓国と日本という国の名のもと親睦を図ろうという、掲示板の企画そのものが無謀だったのかもしれない。言葉の壁がなくなれば韓日のネットユーザーのあいだに友情が芽生えるだろうとの期待は、虚しく消え去った。

失敗に終わったこのプロジェクトは、特に日本で予想外の方向へと展開していった。この掲示板を機に韓日の歴史問題への関心が生まれ、それが別の匿名掲示板へと移っていき、まるで韓国を相手に歴史問題をめぐる「サイバー戦争」を準備しているかのような様相を呈したのだ。結局、そうやって増幅された韓国への否定的な関心は、日本の現在進行形の「嫌韓」の風潮ともつながっている。韓日翻訳掲示板によってコミュニケーションの場を作ろうという意図は良かったが、結果的には、ネット掲示板で「嫌韓」を擁護する人たちを量産する形となった。インターネットを介して活発に行き交う情報が、互いへの誤解やゆがんだ認識を増幅させるほうへと作用してしまったのだ。

悪質コメント、嫌悪が社会的に表現された結果

「ノーレスより悪質レス」という言葉がある。たとえ否定的なものでも関心があるほうが、無知や無関心よりはマシ、という意味だ。だが、韓日両国のインターネットで飛び交う悪質コメントのオンパレードを見ていると、過度な情報や中途半端な意思疎通はむしろ誤解や嫌悪を増幅させるのではないかと心配になる。

インターネット上で着実に増えている韓日間の情報交流によるポジティブな効果をすべて否定しようというのではない。また、インターネット空間の悪質コメントが、韓国人や日本人全体の、互いに対する考えを代弁しているわけでも、もちろんない。ある意味、悪質コメントは、ごく一部のユーザーの極端な私見に過ぎない。とはいえ、悪質コメントは嫌悪が活字化されたものだ。誰かに向けられた嫌悪表現が蔓延している状態は、けっして望ましいとは言えない。嫌悪感情をさらに増幅させるだけでなく、現実の政治に実際に影響を及ぼす可能性もあるからだ。

考えてみると、ネット上の悪質コメントは韓日に関する話題に限ったものではない。自分とは政治的意見の異なる相手に根拠のない悪質コメントを浴びせかけ、感染病の恐怖におびえるあまり外国人に暴言を吐いたりもする。時には悪質レスよりノーレスのほうが良い場合もある、という点を考えてみる必要がある。

「敗戦日」ではなく「終戦日」――日本の市民社会の長年の宿題、戦争

八月一五日は韓日両国にとって意味深い日だ。韓国にとっては、日本による植民地支配から解放され光明を取り戻した日、光復節《クァンボクジョル》だ。一方、日本にとっての八月一五日は、「大東亜共栄」という欺瞞《ぎまん》のもと推し進めた好戦的な帝国主義に終止符が打たれた日で、「終戦記念日」と呼ばれる。法定の祝日ではないが、この日に戦死者の追悼式も執りおこなわれる。毎年欠かさずやってくるこの日には、韓日両国で異なる意味を持つ近代史やもつれた感情について、あらためて考えさせられる。

八・一五、韓国では光復節、日本では「終戦記念日」

ドイツと日本、イタリアが結成した同盟軍と、アメリカやイギリスなどからなる連合軍が世

界各地で戦った第二次世界大戦は、人類史上もっとも多くの死傷者を出した。戦争末期、日本は太平洋を挟んで米軍と真っ向から対決した。太平洋戦争とも呼ばれるこの戦いで、日本は敗戦の色が濃くなってもなかなか降伏しなかった。一九四四年一一月には米軍が東京への空爆を開始、四五年三月には焼夷弾などを大量に投下する「東京大空襲」を敢行した。この攻撃によって首都は焦土化し、一〇万人以上が一瞬にして命を失った。

それでも日本軍に降伏の気配がないため、ついに米軍は一九四五年八月六日と九日に、それぞれ広島と長崎の上空から原子爆弾を投下した。この二つの爆弾により街は一瞬にして火の海と化し、数十万人が命や生活の場を失った。さらに当時のソ連まで対日参戦を宣言すると、日本はようやく敗北を認め、八月一五日に降伏の意思を公式に表明した。

当時、日本の植民地支配下にあった韓国は、国際社会公認の政府を樹立している状態ではなかったため、降伏を受け入れる立場の連合軍には含まれなかった。だが、降伏の条件が盛り込まれた「ポツダム宣言」には、朝鮮半島は日本の固有の領土ではないという内容が明記されていた。よって、この宣言を受諾する形での降伏はすなわち、朝鮮半島に対する日本の植民地支配権の終結を意味した。そういう複雑な経緯を経て、日本の敗戦日が朝鮮半島の光復節となったのだ。

第二次世界大戦に関連して毎年八月一五日を記念している国は、私の知る限り、韓国と日本だけだ。日本帝国が降伏の意思を連合軍に伝えたのは、公式発表の一日前の八月一四日だ。歴史家たちはその日を、日本が降伏した日と記録している。また、日本が降伏文書に公式に署名したのは九月二日だ。参戦した西側諸国のほとんどはその日を、日本に対する戦勝日として記念している。一方、中国とロシアは対日戦勝記念日を、それより一日遅い九月三日としている。日本が降伏文書に署名した日ではなく、自国で戦勝記念行事が開かれる日を記念日としているのだ。とにかく、いずれも八月一五日ではない。

ラジオの電波に乗って伝えられた降伏宣言

八月一五日が韓日両国にとって重要な日として記憶されるのには、それなりの理由がある。まさにその日、当時最新のメディアだったラジオの放送を通して、日本帝国にはこれ以上戦争を続ける能力も意思もないという事実が公表されたからだ。この前代未聞のラジオ放送は、日本が占領していた朝鮮半島をはじめ、台湾や満州にも送出された。日本の敗戦と植民地体制の終焉《しゅうえん》を告げるこの放送が、朝鮮半島の民衆にどれほどの喜びをもたらしたか、あえて言うまでもないだろう。

一方、日本人の反応は複雑だった。敗北に失望するあまり慟哭《どうこく》する人もいたし、降伏宣言を信じようとしない人もいたという。つい数日前まで、日本軍の勝報を伝えるプロパガンダばかりが流れていたラジオから、突然、青天の霹靂《へきれき》のような降伏宣言が聞こえてきたのだから、信じられなかったのも無理はない。おおっぴらに喜ぶわけにはいかなかったが、実は多くの日本人が、戦争が終わったという事実に安堵したとの記録もある。

敗戦の知らせに負けず劣らず日本人に衝撃を与えたのは、降伏宣言が「天皇」の肉声で発表されたという事実だった。この日正午にラジオで放送された終戦の詔書《しょうしょ》は「玉音放送」と呼ばれ、現人神《あらひとがみ》として崇められてきた当時の裕仁天皇が大衆の前にその実体を現した最初の出来事だった。

日本帝国主義政府は、神の子孫である「天皇」こそが国の主であり、天皇のために敵と戦うのは名誉なことだと宣伝してきた。降伏を宣言するその震える声を聞きながら、人々は、天皇も自分と変わらない人間なのだという事実を初めて実感したという。わずか七〇年余り前のことは信じがたい奇異な話だが、人間の盲信というのは元来、理性より狂気に近いものだ。

降伏が宣言されたこの日を「敗戦日」ではなく「終戦日」と呼ぶことについて、侵略戦争の本質を隠蔽しようとしているのではないかとの批判もある。特に、歴史に対する観点が顕著に右傾化している現在の状況で、「終戦日」というあいまいな表現が、戦争を知らない若い世代にどう受け止められるか気がかりだ。

なぜ敗戦日ではなく終戦日なのか?

第二次世界大戦当時、日本と同盟を結んでいたドイツの場合、敗戦後、市民社会が率先して歴史の過ちを認め、戦争被害者への補償を積極的に進めようとした。それとは対照的に日本では、戦後処理問題は最初から、米軍の主導するＧＨＱと政府の手に委ねられており、それゆえ、戦争被害者に関する事案を、人権問題ではなく政治や外交の問題とする見方が優勢だった。

腹を割って話せる日本人の友人と、戦争関連の問題について酒の席で意見を交わしたことがある。友人は、戦争被害者への補償に消極的な日本政府にかなり批判的な知識人だったが、酒もだいぶ入ったころ、この問題について日本の市民としてジレンマも感じていると、心の内を打ち明けた。彼によると、ドイツの市民は二度にわたって、ヒトラー率いるナチ党を総選挙で勝たせたという前歴がある。市民社会がナチ政権に正当性を与えただけに、市民社会が侵略や殺傷行為に対する責任を負うのは当然のことだ。

それに比べ、日本帝国が戦争を推し進めていた当時、日本社会は前近代的な君主制にとどまっていた。政治的には民主主義に向けての第一歩すら踏み出せていない未成熟な状態で、科学技術と軍需産業だけがいびつに発達していた。つまり日本帝国の侵略戦争は、いかなる正当性も与えられていない無謀な蛮行だったのだ。市民が参加し意見を述べられるような体制自体がそもそも存在しなかった。そういう状況を考えれば、戦争の責任の所在を明らかにするのは容易ではなかったというのだ。帝国主義政権が加害者であるのは明らかだ。だが一方で、日本の民衆も、暴走する権力による被害者だという情緒が存在する。戦争をめぐるそうした複雑な情緒を背景に、「終戦日」というあいまいな表現が日本社会では受け入れられている。

ドイツでも、ヒトラーの敗北を「敗戦」とするか「終戦」とするかをめぐって議論があった。

侵略戦争で敗北したという本質を忘れないようにするため「敗戦」が望ましいとの意見が優勢なところもあったし、戦争の過ちを繰り返さないという未来志向的な決意を示すには「終戦」が望ましいとの意見が優勢なときもあった。戦争中にナチ政権に気丈に抵抗した国内勢力も存在したので「解放」と呼ぶのがふさわしいとの過激な意見が出たこともある。このように、戦争をめぐるさまざまな見方や解釈が存在していたのだ。

二〇二〇年八月一五日、日本の「終戦日」が七五周年を迎えた。この日、政治家たちは、戦犯の合祀されている宗教施設（靖国神社）に列をなして参拝した。首相の式辞からは歴史に対する言及は消え、「積極的平和主義」なる怪しげな概念が登場した。侵略戦争の本質から目を背けようとするかのような欺瞞的な戦争観は危うげだ。そして、それよりもっと危なっかしく見えるのは、右翼政治家のそういった詭弁のほかには、戦争に関する多様で深みのある意見が市民社会から姿を消してしまっている現在の状況だ。

当時の日本帝国の無謀さを考えると、日本の市民が戦争の明白な主体であると断言するには無理があるとの説も一理ある。しかし、だからといって、市民社会がこの問題を傍観していてもいいという話にはならない。戦争は過去のことだが、その戦争をどう解釈するかは現在進行形の問題だからだ。「敗戦」であれ「終戦」であれ、はたまた「解放」であれ、過去の侵略戦争の過ちを直視し、対外的にも対内的にも省察すること、それこそが、戦争が終わって七五年が過ぎても日本社会が解けずにいる宿題ではないだろうか。

「関東大震災朝鮮人虐殺事件」と「FMヨボセヨ」
——災害時に一層猛威を振るうフェイクニュース

新型コロナウイルスの感染拡大とともに、日本でも、またもやデマが飛び交った。「バナナを食べると新型コロナに感染しやすい」「イチゴが感染予防に役立つ」などといった荒唐無稽な情報がSNSで出回った。それらが事実ではないという記事が出るといったんは収まるが、すぐにまた別のデマが登場する。動画共有サイトでは、不安をあおるような画像を添えた真偽不明の情報が後を絶たない。

韓国も日本も、フェイクニュースが世間を騒がせている状況は同じだ。日本のSNSで話題となった未確認情報があっという間に韓国のオンライン掲示板に掲載され、韓国のSNSに登場した怪しい噂が数時間後には日本のネットニュースのコメント欄に書き込まれる時代だ。感染病の何倍もの速さで国境を越えて伝わっていくデマのせいで、ただでさえ不安な気持ちがますます乱れる。もっと大きな問題は、そういう怪しい噂は、嫌悪や暴力を正当化する手段にもなり得るという点だ。

流言飛語から始まった関東大震災朝鮮人虐殺事件

一九二三年九月一日、日本の首都圏を襲った関東大震災は、都市が大規模災害にいかに脆弱であるかをまざまざと示した。推定最大マグニチュード七・九の大地震とそれに続く火災によって死者は一〇万人を超え、東京の家屋の六〇%が焼失した。テレビやラジオが普及する前だったため、火の海と化した街の様子を伝える媒体は紙の新聞しかなかった。だが、街全体が炎に包まれた状況で新聞を手に入れるのは至難の業だ。人々は、地震の全貌や被害状況をまったく把握できない状態で、余震や火災と戦うよりほかなかった。激しい混乱の中、恐怖が極限に達したであろうことは想像に難くない。

地震発生の日の夜から「朝鮮人が放火した」というデマが流れだし、やがて「朝鮮人が井戸に毒を入れた」「数百人の朝鮮人が集団で襲ってくる」と、内容がどんどんエスカレートしていった。極度の不安とストレスにさらされた人々は自警団という組織を作って朝鮮人を見つけ出し、数多くの朝鮮人や中国人、あるいは朝鮮人と誤認された日本人を残忍な手口で殺害した。正確な数字は確認されていないが、数百人から数千人もの朝鮮人が犠牲となった。

日本帝国主義政府は、朝鮮人に関するデマが飛び交っていることを認識しながらも積極的に対処しようとしなかった。当時の唯一の情報源だった新聞は、朝鮮人が集団で暴動を起こしているというデマを立て続けに掲載し、人々の不安感をあおり立てた。そういう状況を考えると、政府に向かうはずの人々の不満や怒りを抑えるため朝鮮人をスケープゴートにした、との主張も説得力を帯びてくる。

何より、恐怖に屈服し人間の残忍さをむき出しにした群集心理が強く働いていた。植民地時代に自発的または強制的に日本に渡った朝鮮人たちは、普段から蔑視や差別に耐えながら生活していた。当時日本社会に蔓延していた少数者嫌悪の対象だった。そういう否定的な情緒が、実体のないデマと結びつき、残忍な虐殺行為へとつながったのだ。

このおぞましい虐殺事件は、当初は人々の口に上ることすらなかったが、徐々に世間に知られるようになり、日本社会に大きな衝撃を与えた。大地震とデマのせいで冷静さを失っていたからと、残忍な虐殺行為を正当化することはできない。そういう不幸な歴史を二度と繰り返してはならないという自省の声も少なくなかった。

阪神淡路大震災と「FMヨボセヨ」

一九九五年一月、阪神淡路大震災が神戸を直撃したとき、日本の市民運動家たちは早々に非営利団体を組織し、「FMヨボセヨ」というタイトルのラジオ放送を韓国語と日本語で発信しはじめた。地震で被災した在日コリアンにいち早く災害情報を届けると同時に、日本人に対しては、彼らも被災者であり地域コミュニティの一員であることを明確に伝えようという趣旨だった。

微弱な周波数帯を使用するので公式な許可を得る必要のない、「ミニFM」と呼ばれる地域ラジオチャンネルではあったが、地震発生からわずか二週間という、被害の全容もまだ把握されていない災害の初期段階に送信を始めたというのだから、驚くほど迅速な動きだった。地震に触発された不安感から、神戸に暮らす在日に危害が加えられるようなことがあってはならないとの危機感や決然たる意思なくしては不可能なことだった。[*11]

この団体を設立した運動家と話をしたことがある。かつて新聞記者として働いていた彼は、神戸出身でも、在日と特別な縁があるわけでもなかった。「ちょうど新聞社を辞めてこの先何をしようかと悩んでいたころに地震が起き、すぐに神戸に駆けつけた」と照れくさそうに、若かりしころを回想した。「デマには正確な情報で対処する」という発想に、さすが元記者だと感嘆した記憶がある。

この非営利団体は「FMわぃわぃ」の名称で今も活動中だ。多文化・多言語コミュニティを謳うインターネットラジオ放送局へと再編され、韓国語のみならず中国語やポルトガル語、タガログ語、ベトナム語、タイ語など、神戸に暮らす少数の外国人の声や意見を取り入れた番組を配信している。過去の悲劇を反面教師とした、市民社会の努力が続いているのだ。

噂はなぜ生まれるのだろうか？　公式は「事案の重要性」×「情報の不確実性」

地震や台風など災害の多い日本では、少なからぬデマが飛び交う。二〇一一年の東日本大震災のときも「外国人が犯罪をしている」「精油所が爆発して有害物質の雨が降ってくる」などの噂が出回ったし、二〇一六年に九州を襲った熊本地震の直後には「動物園からライオンが逃げ出した」というデマも飛び出した。

インターネットの普及以降、デマが発生しもっとも多く流布される場所は、誰もが予想するとおり、SNSだ。フェイクニュースが飛び交いはじめると、ここぞとばかりに「SNSを信用してはならない」「無責任なデマの流布に対する規制を厳しくすべきだ」といった話が出てくる。虚偽の情報は深刻な悪影響を及ぼすので、そういう意見が出るのももっともだ。だが、SNSに対する検閲や規制強化といった措置が、デマへのもっとも適切な対処方法ではない。

アメリカの心理学者ゴードン・オールポートとレオ・ポストマンが噂の心理学について研究した結果[*12]によると、噂の流布量は「事案の重要性」と「情報の不確実性」という二つの要素に比例して大きくなる。人々に直接的な影響を及ぼす事柄であるほど、また、関連する情報があ

＊11　無線通信局の利用する電波の周波数帯は、国際規約及び電波法による規制を受ける。一般的に三二二メガヘルツ以下の微弱な周波数帯は許可なしに使用できるが、送出できるのは半径一〇〇メートルほどの狭い範囲に限られる。

＊12　*The psychology of rumor*（Allport, G.W. and Postman, L., 1947）を参照のこと。ずいぶん前に発表されたものだが、噂とデマに関する研究の「古典」とされている。

いまいであるほど噂は生まれやすく、広まる速度も速いということだ。

この公式に代入してみると、コロナ禍に関するデマが出回るのは避けられないように思える。感染する可能性は誰にでもあるが（事案の重要性）、ウイルスの正体は判明しておらず感染経路もはっきりしていない（情報の不確実性）。デマが生まれ、広がっていくには最適の条件なのだ。

一方で、デマが社会に及ぼす悪影響を最小限にするためのヒントもここにある。誰もが新種のウイルスに感染する可能性はあるので「事案の重要性」は変えられない。だが、「情報の不確実性」を最大限下げることは、試してみる価値がある。すべての情報をできる限り迅速に、オープンにすることで、デマが雪だるま式に膨れ上がっていくのを防ぐのだ。デマを流した人物を一人や二人厳罰に処したところで、情報が不確実な状況では、すぐにまた別のデマが出てくるはずだ。フェイクニュースに対する厳罰よりも、情報の透明性を確保するほうがはるかに効果的なのだ。

SNS時代には、ネガティブな情報であるほど、より多く、より遠くまで伝わっていくという点も問題だ。たとえば、韓国と日本のツイッター〔現・X〕上で出回る、相手国に関する情報は、ネガティブな内容であるほどたくさん「リツイート」〔拡散〕される傾向がある。そういう情報は互いに対する否定的な印象を強め、ひいては韓日関係にも良からぬ影響を及ぼすのではないかと心配だ。

ネガティブな情報にはすべて蓋をせよ、というのではない。関東大震災直後の「朝鮮人虐殺事件」のようなおぞましいことは、苦しくてもしっかりと振り返ってみる必要がある。また、その後の動きを評価することも重要だ。たとえば、関東大震災時の朝鮮人虐殺事件への反省から、前述の阪神淡路大震災直後の「ＦＭヨボセヨ」のような活動がスタートした。そういう流れについては、もっと多くの人が知っていてもいいのではないだろうか。

韓国と日本、どちらにも属しきれない在日
――苦難の人生の中で芽生えたディアスポラ文化

流暢な日本語に、おしとやかな身のこなし、どこをとっても典型的な日本人女性に見える友人がいる。日本で生まれ育ち、ＩＴ業界で働く誠実な社会人だ。韓国語の実力は日本の韓流ドラマファンのほうが上だし、韓国の大衆文化についても、日常的にＫ‐ＰＯＰを口ずさんでいる日本の大学生のほうが詳しい。だが彼女は、大韓民国のパスポートを所持する韓国国民だ。

日常生活で嫌というほど差別を受け日本社会に対する拒否感はあるけれど、実のところ、韓国も遠い国のように感じられる。韓国と日本、どちらの社会にも完全に属しきれない彼女のような「在日コリアン」の人口は五〇万人近くに上る。「在日コリアン」は、日本の植民地支配からの解放後、日本に残った韓国人と北朝鮮国籍の朝鮮人の総称で、「在日」と略して呼ばれ

ることもある。

彼女との友情は、二〇一七年の大統領選挙を機に始まった。日本では義務ばかりで権利はない「二等市民」である彼女にも、在外国民として一票の権利を行使する機会が与えられた。ところが、インターネットで配布される選挙の資料はすべて韓国語で、理解できない。候補者がどういう人物なのか、どんな公約を掲げているのか詳しく知りたいと思った彼女が、私に会いたいと言ってきたのだ。愛国精神が深く根づいている韓国では「韓国語もできないで、なにが韓国人だ」と言われるかもしれない。だが、在日たちは半世紀以上の時を、日本にも韓国にも属しきれない周辺人として生きてきた。その複雑な人生の軌跡を、一方的な尺度で勝手に評価してはならない。

故郷を離れた人生に対するさまざまな視線

「散らばる」という意味のギリシャ語に由来する「ディアスポラ」という言葉はもともと、紀元前、バビロンに流刑されたのちエルサレムに帰郷できず、世界各地で散り散りに暮らすことになったユダヤ人を意味していた。現在は、故郷に戻れずさすらう人々を幅広く指す。二千年前は、他郷をさまようしかないユダヤ人たちの身の上は実に哀れだったが、現在は、故郷を離れて暮らす人生に対する視線はまるで違う。海の向こうの遠い国に移住し良い暮らしをしている、というのはよくある話だ。現代人にとって、故郷を離れ見知らぬ地に根を下ろすことは、魅力的でダイナミックな生き方の一つなのだ。

だが、すべての人が、見知らぬ地での暮らしを望んで選択するわけではない。被追放者や亡命者のように権力によって追い出されるケースもある。現代のディアスポラのほとんどは、食べていくために故郷を離れた労働者や難民だ。働き口がなくて、あるいは家族を養うために、つらく孤独な道を選んだ人たちなのだ。一九七〇年代以降、ディアスポラという言葉の指す範囲が拡大しているのは、みずからの意思とは関係なく経済的な理由でさすらいの身となった人が増えているという証拠でもある。

日本による植民地支配からの解放後、在日が日本の地に残った理由はさまざまだ。日本人と結婚し家庭を築いた者もいた。帰郷する場合は日本から持ち出せる財産が厳しく制限されていたため、苦労して蓄えた金品を手放さねばならないことへの抵抗もあった。なんとか故郷に戻っても、朝鮮戦争などで混乱していた朝鮮半島には働き口がなく、再び日本行きの密航船に乗り込む者も少なくなかった。

朝鮮半島の激動の現代史の中、やむなく日本に残った人たちの三世、四世が、今の在日の主な層だ。差別という重荷を下ろすため日本国籍を取得した人もいれば、日本文化のほうが馴染みがあるという現実に葛藤を抱きながらも韓国国籍を通す人もいる。国籍は本質的な問題ではない。彼らは、心情的には韓国にも日本にも帰属しきれないディアスポラの人生を黙々と生きているのだ。

日本社会で差別や嫌悪のターゲットとなる在日

二〇二〇年七月、日本で意義ある判決が下された。大手不動産会社で非正規社員として働く在日三世の女性が二〇一五年、韓国人に対するヘイト表現を含む文書を繰り返し配布した会社を相手に訴訟を起こした。この訴訟に対する大阪地方裁判所の判決は、社会的な許容範囲を超えた差別的な表現により人格権を侵害した容疑を認め、会社側に一一〇万円の賠償を命じた。日常にはびこる差別やヘイトを罰する判決に、在日社会は歓迎ムードだ。

差別を禁止する法律があっても、日本社会の在日に対する根深い嫌悪感情はなかなかなくならない。極右団体の「嫌韓デモ」は韓国でもよく知られている。政治的パフォーマンスは目をつぶり耳を塞げばいいかもしれないが、日常に浸透した差別は在日の人生につきまとい、彼らを苦しめる。植民地時代を生きた世代ほど凄絶ではないにしても、彼らの人生は依然として不安定で苦難に満ちている。

結婚に際して相手の家族から反対されることはざらにあるし、実力があっても就職や昇進では不利だ。先に紹介した友人も、ある会社で働いて二〇年以上になるが、昇進はとっくの昔に諦めている。書類審査の段階で在日を落とすという採用担当者は「面接で不合格にすると、差別ではないかと異議を唱えられる可能性がある。そういう不都合な状況を避けるために書類審査で不合格にしている」と弁明する。差別を正当化するのに、業務上不都合だという言葉ほど便利な言い訳はない。わが子がいじめに遭わないよう、学校では本名ではなく日本名を使わせる親もいる。煩わしい視線は回避できるだろうが、アイデンティティに混乱をきたすという副作用は避けられない。

コロナ禍に際してもやはり差別的な視線があらわになった。ある地方自治体が管内の幼稚園に感染防止用マスクを無償で配布したのだが、朝鮮学校の幼稚園だけ除外するという出来事があった。メディアや在日団体からの抗議が相次ぎ、配布されることにはなったのだが、その過程で担当者の発した「朝鮮学校にマスクを配布すると、不適切に使用される恐れがある」という差別的な発言が問題となった。

在日の手で築き上げてきたディアスポラ文化への関心

「在日に対する差別をやめろ」と堂々と要求するには、韓国社会にも後ろ暗いところがある。日本に残った数十万人の同胞が極度の生活苦にあえいでいたころ、韓国の軍事政権は彼らを「金のために祖国に背を向けた裏切り者」扱いし、「北朝鮮のスパイではないのか」と執拗に追及した。これまでに韓国政府が彼らを同胞として庇護したり、日本社会での法的地位向上のため積極的に助力したりしたことはない。

煩わしい視線は今も相変わらずだ。日本で流行りのＫ－ＰＯＰや韓日の歴史問題が話題に上ることはあっても、両国から冷遇されて生きてきた在日の苦境については無関心だ。「韓国人なのにどうして韓国語ができないのか?」「韓国の文化はどの程度知ってるの?」といった質問がつきまとう。日本社会に溶け込めず、韓国社会にもそっぽを向かれつづけてきた在日にとっては答えに困る無礼な質問だということすらわからないのだ。

二〇〇〇年代以降の「韓流ブーム」などは、日本社会に韓国文化が広く知られるきっかけとなった。だが、それよりずっと前から日本では「キムチ」や「焼肉」などの韓国式メニューがひそかに人気を集めていたという事実は、意外とあまり知られていない。牛の小腸を使った「ホルモン」や「モツ」も大人気だが、これらは精肉店で捨てられる内臓部位を活用して在日の料理人が開発した食べ物だ。在日というアイデンティティを打ち出しづらい時代だったのであえて「韓国料理」と名づけはしなかったが、材料や味付けが日本料理より韓国料理に近いそういう食文化が現在日本で広く愛されている背景には、彼らの苦難の歴史があったのだ。

在日の文化的アイデンティティは、韓国文化でも日本文化でもない、いわば雑種的文化に属している。国からまともな庇護を受けたことのない異邦人がみずから開拓した、孤独で過酷なアイデンティティだ。「韓国の味方なのか、日本の味方なのか?」という、答えに困る質問を投げかけるのではなく、複雑に絡み合った韓日関係の中で彼らディアスポラが築き上げてきた文化を直視し、その価値を認める必要がある。

日本社会に巻き起こった「第四次韓流ブーム」
──「イカゲーム」によって広がった韓流ファンダム

人気だ人気だというので、ドラマ「イカゲーム」を観ることは観た。残酷な内容の作品はもともと好きではないし、描かれている情緒も陳腐に感じられ、個人的には好みではなかった。この作品が世界各地で大評判となっているというのが不思議なほどだった。日本でもかなり話題になっていると聞き、日本人の友人たちと話をしてみた。

日本人の観た「イカゲーム」──馴染み深さと新鮮さのあいだ

ドラマを観たという友人たちのほとんどが「おもしろかった」という反応だったが、とりわけ中高年の男性に評判が良かった。サバイバルゲームを素材とした日本の映画やドラマは、ゲームの複雑なルールを解き明かす頭脳戦がメインとなっているものが多いが、「イカゲーム」は、過酷なゲームに挑まざるを得ない個人の人生や感情を繊細に描き出している点がとても斬新だったという。

ドラマに登場する昔懐かしの遊びが日本人のノスタルジーを刺激する、という感想も興味深かった。実際に、第一回で衝撃的な展開を見せる「ムクゲの花が咲きました」に似た「だるまさんが転んだ」という遊びが日本にもある。日本人にとって「イカゲーム」は、一方では馴染み深く、また一方では新鮮なおもしろさを感じさせてくれる作品だったようだ。

韓国では、「イカゲーム」は日本のコンテンツの真似だという批判もあったが、日本ではそう受け止められてはいないようだ。ただ、「イカゲーム」の筋書きが、人生の崖っぷちに追い詰められた主人公が正体不明のギャンブルに命を賭けて挑む、という内容の日本の漫画『賭博黙示録カイジ』とかなり似ているのは事実だ。

一九九六年に連載が始まったこの漫画は、奇抜な設定と大胆な想像力で人々に大きな衝撃を与えた。その後日本では、似たような素材の映画やゲーム、ドラマなどが相当数作られ、命を賭けたゲーマーの姿を描く「デスゲーム」というジャンルがしっかり定着した。日本映画「バトル・ロワイアル」やハリウッド映画「ハンガー・ゲーム」などもこのジャンルに属する。

そう考えてみると、私が「イカゲーム」にあまりピンとこなかったのは、このジャンルに対する理解が乏しかったせいかもしれない。ジャンル物をきちんと楽しむためには、ジャンル特有の「文法」をしっかり理解しておく必要がある。その文法を徹底的に再現する、あるいは予想外の方向へと展開させる、そのディテールに、独創性や魅力を感じるものだからだ。デスゲームというジャンルに比較的親しんでいる日本人は、「イカゲーム」を楽しむ準備が充分にできていたということだ。

メロドラマ→K-POP→韓国料理……大衆文化全般に広がった日本の中の「韓流」

日本で韓国の大衆文化コンテンツが人気を集めているのは昨日今日に始まったことではない。今でこそ、韓国の映画やドラマ、大衆音楽などが世界じゅうで脚光を浴びているが、日本の人々はいち早く韓国の大衆文化コンテンツに関心を示し、惜しみない愛情を注いできた。二〇二〇年の年末、日本で「第四次韓流ブーム」という言葉がその年の流行語大賞にノミネートされ、大きな話題となった。ネット上では、「第四次」とするのが妥当かどうかさまざまな意見が飛び交っていたが、個人的には、まさに四度目の韓流が始まったという分析に同意する。

日本での「第一次韓流ブーム」は、言うまでもなく、二〇〇〇年代初めにNHKで放送されたドラマ「冬のソナタ」の人気だ。男女の純愛を描いたこの正統派メロドラマの巻き起こしたブームは、「社会現象」と呼ばれるほど異例のものだった。ただ、当時の韓流は、このドラマと出演俳優の人気に限定されていた。韓国で「アジュンマ」〔おばさんの意〕という言葉が時に否定的なニュアンスで使われるのと同じように、日本でも中年女性に対する偏見が存在する。このドラマの人気について、ただ中年女性の陳腐で幼稚な文化的嗜好にマッチしただけだ、との見方もあった。つまり、このときはまだ、韓国の大衆文化コンテンツに対する全般的な評価は高くなかった。

「第二次韓流ブーム」は二〇一〇年代初め、大衆性の強い音楽やパフォーマンスが魅力のK-

POPが牽引した。「冬のソナタ」の大ヒット以降、韓国の芸能界では日本の消費者を意識した商品を積極的に打ち出すようになり、日本のマスメディアもこれを歓迎した。当時は、日本のテレビ番組で、冗談を交えながら流暢な日本語で話す韓国の芸能人の姿をよく見かけた。

そのころに、若い世代を中心に韓国の大衆文化コンテンツへの好感が一気に高まったのは事実だが、同時に、極右勢力の「反韓」「嫌韓」ムードも目立ちはじめた。韓国のコンテンツに好意的だという理由で、放送局が極右勢力のターゲットになることもよくあった。その後、韓日関係が急速に冷え込んだのに伴って、韓流も小康状態に入った。

日本のマスメディアもそれまでのように韓国のコンテンツを積極的に取り上げることはなくなったが、ちょうど韓国の芸能産業も、日本市場よりはるかに広いグローバル市場に目を向けていたため、それほど気にはしなかった。たとえば二〇一二年、韓国の歌手PSY（サイ）の歌「江南《カンナム》スタイル」とコミカルなミュージックビデオが世界的に話題となったが、唯一日本ではあまり反響がなかった。

そんな中、思いがけず「第三次韓流ブーム」が始まった。二〇一七年前後から、日本の若者層を中心に韓国料理や韓国ふうのメイクやファッション、韓国語などへの好感度が一気に高まり、「韓国文化マニア」を名乗る一〇代まで登場しはじめたのだ。マスメディアや芸能プロダクションが積極的に企画したものではなく、SNSなどでひそかに始まり、瞬く間にトレンドとして浮上した。K-POPが若いファンを地道に獲得していたのも事実だが、SNSユーザーを中心に韓国の大衆文化コンテンツを共有して楽しむという流れができたことが大きな原動力となった。

韓国では意外と「第三次韓流ブーム」が大きな話題にはならなかった。大手芸能プロダクションが積極的に動いて生み出したものではないため、韓国のマスメディアも注目しなかったのだ。だが個人的には、日本の若者たちの自発的な情報共有によってこの流れが作られたという事実が、それ以前の韓流ブームよりも印象的だ。日本の若者がみずから韓国ふうのメイクやファッションを追いかけ、トッポッキやチーズタッカルビを楽しんでいる光景が、かなり新鮮に感じられた記憶がある。韓日関係が平行線をたどっているあいだも、インターネットを基盤としたグローバルプラットフォームの中で、日本の若者たちは韓国に対する好感度をじわじわ高めていたのだ。

日本の既成世代を巻き込んだ「第四次韓流ブーム」

そのあとに訪れたのが現在の「第四次韓流ブーム」だ。韓国の大衆文化に対する若者の好感は「第三次韓流ブーム」の際と変わらないが、それに加えてコロナ禍以降、新たな動きが生まれたと見てもよい。日本でも、思うように外出したり人と会ったりできない状況で、ネットフリックスやＹｏｕＴｕｂｅなどインターネット基盤のグローバルプラットフォームの影響力が顕著に大きくなった。そして、それらのプラットフォームを通して、韓国の映画やドラマなどが大人気となっている。ドラマ「イカゲーム」や映画「パラサイト 半地下の家族」などが脚光を浴びているのだ。

「第四次韓流ブーム」は、幅広い年齢層や世代が韓国の大衆文化コンテンツに積極的に好感を示しているという点で、それ以前とは雰囲気が違う。これまで日本で韓流ファンダムを牽引してきたのは、おおむね女性だった。韓流ブームに「ハマった」ことのない男性の視点からは「韓流は女性や若者の趣味に過ぎない」と辛口の評価がなされることもあった。

ところが今回は、韓国の大衆文化コンテンツに無関心だった既成世代の男性たちも、韓国発コンテンツを楽しみはじめた。「冬のソナタ」に対しては「日本では廃れた古臭いメロドラマ」という否定的な評価が少なくなかったのに、「イカゲーム」や「パラサイト」に対しては「日本ではどうしてこういう作品が作れないのか」という叱咤の声がすぐに聞こえてくるのも、そうした変化と無関係ではないだろう。「韓国は、自分たちが何か教えてやらねばならない国」という、日本社会の根深い考え方が変わりつつある。隔世の感を覚える。

インターネット時代、親密な関係の韓国語と日本語

――日本特有の漢字の読み方と言語文化の交流

日本の新総理の名前は「菅義偉《すがよしひで》」という〔本稿は二〇二〇年九月一六日に掲載された。菅総理は同年九月に就任し、翌年一〇月まで在任した〕。「菅」と書いて「すが」と読む。これからは日本関連のニュースで「菅《すが》総理」という呼称をたびたび耳にすることになるだろう。ところで、「菅」という名字を持つ日本の総理は彼が初めてではない。二〇一〇年、民主党政権時代の「菅直人《かんなおと》」総理も「菅さん」だった。どちらも漢字は同じだが読み方は異なり、当時は「菅《かん》総理」、今は「菅《すが》総理」だ。日本では人名を漢字で表記するので、かつての「菅《かん》総理」と二〇二〇年の「菅《すが》総理」を新聞記事でどう区別するか、頭を悩ませているという。

インターネットで「菅総理」を検索する際にも混乱しそうだ。「菅総理」というキーワードで検索すると、「菅《かん》総理」と「菅《すが》総理」に関連する情報がどちらも出てくるだろうから。実際に検索してみると、今はまだ「菅《かん》総理」に関連する情報が圧倒的に多い。二〇一一年の東日本大震災と福島原発事故当時の政権を担っていたので、「地震」や「原発」といったネガティブな関連検索ワードも一緒に表示される。日本社会における二人目の「菅総理」には、この先どんな関連検索ワードが並ぶことになるだろうか。

漢字の読み方はさまざま、日本特有の言語文化

「菅総理」が「かん総理」にもなり「すが総理」にもなるのは、表意文字である漢字と、表音文字であるひらがな・カタカナを混ぜて使う日本特有の言語システムに起因する。一つの漢字

に何通りもの表音文字を対応させるので、漢字の読み方は特に複雑だ。

たとえば「家」という漢字は、韓国語では「か」と読めばよい。ところが日本では、「か」と音読みすることもあれば、「いえ」と訓読みすることもある。音読みか訓読みかは、「家」という漢字を含む単語ごとに異なるので、そのつど覚えなければならない。

さらに言うと、実は、事はもっと複雑だ。漢字と対応して覚えなければならない音読み、訓読みも、一つずつとは決まっていないのだ。「家」の音読みは「か」にもなれば「け」にもなり、訓読みはたいてい「いえ」だが「や」と読む場合もある。漢字をどう読むかはそれぞれの単語や状況によって異なり、一貫性はない。慣れるまでに時間がかかる構造だ。

実際、日本語を母国語とする人にとっても漢字の読み方は難しい。高等教育を受けた人でも、専門書を読んでいると、読み方に自信のない漢字語と出くわすことが少なくないという。日常生活でよく使われる簡単な漢字でも、読み方がいろいろあるので迷うのも当然だ。

ところが、一つの漢字にいろいろな読み方があるシステムにひとたび慣れてしまえば、意外な妙味もある。たとえば、漢字の読み方を自由に決めて、固有名詞の「名付け親」になることもできる。漫画や映画で韓国でもよく知られている「デスノート」の主人公の名前「やがみライト」は、漢字では「夜神月」と書く。夜の神を意味する「夜神」という名字も印象的だが、「月」を、英語の「light」の発音を日本語で表記した「ライト」と読ませるのも独特だ。漢字で書いて英語式に読ませるという独創的なスタイルだ。

「男」と書いて「アダム」と読むとか、「黄熊」と書いて「プー」（童話『クマのプーさん』の主人公の名前）と読むといった、にわかには信じられないような奇抜な人名も実在するという。そこまで奇想天外な名前を持つ人に実際に会ったことはないが、漢字を見ただけではどう読むのかわからないユニークな名前の知人は少なからずいる。

「○○と書いて△△と読む」韓国のインターネットで流行する日本式の言い回し

韓国のインターネットで「○○と書いて△△と読む」という表現をときどき見かける。以前はオンラインコミュニティやSNSなどでしか見かけなかったが、最近はニュースや、広告のキャッチコピー、テレビのバラエティ番組の字幕にも堂々と登場しているところを見ると、けっこう流行っているようだ。具体的に証明する術はないけれど、この言い回しが日本語の漢字の読み方に由来しているという説は、かなり信憑性がある。実際に、漢字の読み方を説明する「○○と書いて△△と読む」という表現は、日本でよく見聞きするからだ。

日本語学習者の立場からすると漢字の読み方が統一されていないのは厄介だが、表音文字と表意文字を混ぜて使う言語システムゆえに、漢字と読みの組み合わせをちょっとひねって楽しむ言葉遊びがよく発達している。日本の漫画やアニメにしばしば登場するそうした言葉遊びが、いつしか韓国でもマニアたちを中心にオンライン空間で人気を集めるようになった、という説だ。

韓国では「○○と書いて△△と読む」という表現は、「見た目と中身が違う」ことを巧みに言い表すのに用いられる。たとえば、味はおいしいけれど値段が高い食堂のことは「おいしい店と書いて請求書と読む」と皮肉ったり、予想外にボリューム満点でおいしい屋台料理については「屋台と書いて名店と読む」と遠回しに褒めたりもする。話者のユーモアセンスをさりげなく表す「あっさり味」の日本の言葉遊びが、国境を越えると「ピリリと辛い」風刺へと変貌する点が興味深い。「江南の橘、江北の枳となる」という中国の故事〔二一〇ページ参照〕になぞらえるなら、「日本式のユーモアが、対馬海峡と朝鮮海峡を渡って韓国式の風刺に変貌した」とでも言おうか。

韓日関係の改善までは遠くとも、韓国語と日本語は親密な関係

いくらインターネット時代とはいっても、そのように言語が国境を越えて定着するのはよくあることではない。実際、韓国語と日本語は似ている点が多い。語順が同じで、助詞の使い方や慣用句の類型、表現方法も驚くほど似通っている。日本語は、現存する外国語の中で韓国語と一番よく似ていると言える。高等教育を終えると五千字の漢字を使いこなせるという中国人も日本語には苦戦するというが、漢字はよく知らなくても日本語を難なく学び、中国人よりはるかに流暢に操る韓国人の若者はいくらでもいる。

何と言っても韓国語と日本語は構造的にそっくりなので、それぞれ日本人と韓国人にとって

は他言語に比べると学びやすいのだろう。日本語の文章の単語をそのまま韓国語に置き換えるだけでも違和感のない文章が成立するので、とっつきやすい。私が本格的に日本語の勉強を始めたのは三〇歳もとっくに過ぎてからだが、一〇年余り日本語と格闘した結果、今では日常生活はもちろんのこと、日本語で講義をしたり本を書いたりするのにも特に困ることはない。幼いころから学んでいた英語よりも、ある程度歳をとってから勉強した日本語のほうがはるかに上手だし、勉強するのも楽だった。

一方で、韓国語はハングルを唯一の文字として採用しているのに対し、日本語は漢字・ひらがな・カタカナを混用するという違いがあるので、言語表現の文化には異なる点も確かに存在する。韓国の言語表現の文化では、どんな音でも、ハングルという確固たる表音文字に置き換えられる。つまり「文字」と「音」に付与される権威が比較的同等ということだ。

それに比べ、日本の言語表現の文化では、変数の多い「音」よりも、固定した意味を伝達する「文字」のほうが権威があり、情報として信頼される傾向がある。スマートフォンの利用形態を比べてみても、韓国では、通話や動画など音声を使った通信がしっかり定着している。一方、日本では、基本的にSNSやチャットなどの文字メディアが好まれる。音声より文字のほうが信頼できるメディアだと考える傾向があるのだ。「〇〇と書いて△△と読む」という言い回しが日本と韓国でそれぞれ異なる脈絡で広まったのも、「音」と「文字」に対する文化的解釈の違いが影響を及ぼしたのだろう。

言語表現の文化に違いがあっても、韓国語と日本語のひそかな交流が衰える気配はなさそうだ。日本の漫画やアニメが好きな韓国の若者を中心に、「간지《かんじ》」（日本語の「感じ」をハングルで表記したもの）や「낫닝겐《ナンニンゲン》」（英語の not と日本語の人間を合わせた隠語。「人間界を超越するほど優れた」の意）といった日本語発の新種の隠語がずいぶん前から流行っているし、韓国ドラマやK-POPなど韓国文化にハマった日本の若者のあいだでは、SNSに「マシッソヨ」（おいしいです）など韓国発のハッシュタグをつけるのが人気だ。韓日関係の改善への道のりはまだまだ遠いと言われるが、実は、韓国語と日本語の関係はいつになく親密に見える。少なくとも、インターネット上では。

日本の若者のあいだで巻き起こる韓国語ブーム
——インターネット時代の「ピジン」現象

日本の若者たちのあいだで韓国語ブームが巻き起こっている。「アンニョンハセヨ（こんにちは）」「サランヘヨ（愛してる）」「ケンチャナヨ（大丈夫）」「マシッソヨ（おいしい）」など、よく使われる韓国語の慣用句をカタカナで書くことくらいは、以前からよくあった。

ところが最近は、ハングルでSNSに投稿するのが流行だ。実際に日本語のタイムラインに

「꿀잼《クルチェム》（超おもしろい）」「심쿵《シムクン》（胸キュン）」「멘붕《メンブン》（メンタル崩壊）」など、韓国語の俗語がハングルで書かれているのを目にすると、驚きを覚える一方で、どこでこんな言葉を覚えたんだろうという興味も湧いてくる。中には正書法が間違っていたり表現が不自然だったりするものも少なからずあり、ネットからそのまま持ってきたか自動翻訳機能を使ったんだろうなあと、思わず笑みがこぼれることもある。「ㅋㅋ（クックッ）」や「ㅎㅎ（ふふ）」といった、韓国で「笑い」を表すのによく使われるハングルの子音も見かけるし、「ㅊㅋㅊㅋ（おめでとうの意）」「ㄹㅇ?（「리얼《リアル》?」の各文字の最初の子音＝初声＝をつなげたもの。本当？の意）」など、韓国の既成世代たちを絶望の沼に突き落とす「初声遊び」も目立つ。

ハングルは洗練されていてクールな最新トレンド

日本語と韓国語がごちゃ混ぜになった新造語もある。たとえば、韓国語の「감사《カムサ》（感謝）」をカタカナで表記した「カムサ」はＳＮＳでよく見かけるが、それに日本語の「する」を結合させて「カムサする」と動詞のように使ったりもする。とりあえず動詞に変身させておけば語尾をさまざまに活用できるので、日本語でもなく韓国語でもない表現がさらに多様になる。

「チンチャそれな」のような隠語もある。「チンチャ」は韓国語の「진짜《チンチャ》（本当に）」をカタカナで表記したもので、そこに「それな」を合体させたのだ。日本の若い女性のあいだで、「そう、そう」「ほんとにそうだよね」と相手に同意するクールな慣用句としてよく使われている。

最近、日本の大学生たちと、韓国語ブームをテーマに討論する機会があった。学生たちは、SNSでのハングルブームが、韓国文化への若者層の関心の高さを反映した流行現象であるとの点には同意したが、一方では、どういう意味か理解できない人にはむしろ反感を招くとの意見も少なくなかった。また、「社会生活で韓国語を活用する場が増えた」とか「韓国語を勉強すれば就職に有利だ」「韓国語の語学力に対する社会的認識が良くなった」など、外国語としての韓国語の地位が高まったという話も出た。

そのような多様な意見とは別に、SNSにハングルで投稿する行為そのものに、流行に敏感で洗練されているというイメージがある、との説には全員が同意した。実際にSNSのハングルブームは、韓国の大衆文化に親しみ、かつ最新トレンドにも敏感に反応する一〇代から二〇代初めの女性たちが牽引している。彼女たちにとってハングルは、洗練されていてクールな最新トレンドなのだ。SNSのアカウントに韓国語の表現やハングルを投稿するのは、自分の個性や魅力をアピールする一種の自己顕示的な意味合いが強い。

日本社会で劇的に変化した「韓国」という記号

二〇〇〇年代初めに韓流ブームが始まったころは、日本で韓国文化といえば、洗練されているというより気取らない、新しいというより馴染み深い、といったイメージがあった。そのころからハングルへの好感度が高まり、学ぶ人が増えはじめたのは事実だ。だがそれはあくまでも隣国への文化的関心や好意の表れに過ぎず、韓国あるいは韓国文化に対する一般的な評価が非常に高かったとは言いがたい。ところが今の若者層には、韓国というキーワードそのものが、最先端、洗練されている、カッコいい、クールだ、など、ポジティブなイメージをアピールする文化的象徴として受け止められている。

たとえば、最近の日本のSNSで「韓国っぽ」は最高に人気のあるハッシュタグだ。実際には韓国や韓国文化とは何の関係がなくても、一番「ホットな」場所や料理、ファッションなどの情報には、決まってこのハッシュタグがついている。若い女性たちのあいだで流行している「渡韓ごっこ」なる一風変わった遊びもある。日本国内にある韓国らしいものをできるだけたくさん集めてきて、韓国を旅しているような気分を楽しもうという、コロナ禍で生まれた新しい風潮だ。韓国のカップラーメンや焼酎、「チメク〔チキン（フライドチキン）とメクチュ（ビール）〕」セットなどを用意して、K-POPアイドルのライブや韓国ドラマの映像を見ながら「ホカンス〔ホテル＋バカンスを組み合わせた造語〕」を楽しむ、というのが典型的な「遊び方」だ。大型スクリーン付きの部屋に韓国式のおつまみや焼酎をサービスで提供する、ホテルのパッケージプランまで登場し、話題になったこともある。

わずか数十年前は、韓国文化に対する日本社会の好奇心は「ゼロ」に近かった。ところが今は、韓国というキーワードが日本の若い世代の文化的好感を独占しているように見えるほどだ。日本社会において韓国という「記号」は劇的に変化した。ハングルを使った言葉遊びの人気は、そうした新しい流れを示す象徴的な現象なのだ。

インターネット時代の「ピジン」——文化現象として再評価する必要

二つ以上の異なる言語が混ざり合った雑種的な言語を「ピジン(pidgin)」と言う。一九世紀の植民地主義時代を経て、世界各地で数多くのピジンが登場した。イギリスによる植民地支配当時、被植民地では土着の言語とごちゃ混ぜになった「奇妙な」英語が、問題なく通用していた。植民地支配の終結とともにそういう雑種的言語はたいてい役目を終えたが、長く支配が続いていた地域では、独立した言語体系として定着することもあった。そういう言語を母国語とする人口が増えるにつれ、新たな言語として自然と広まっていったのだ。

多くのピジンは一時的に使われたのち消滅したが、新たな言語として定着するものもあった。互いに異なる言語が出合い、混ざり、変化することは、自然な文化現象だ。日本のSNSで日本語と韓国語が混ざり合う現象も、二つの言語が混用され変形していくという点で、現代版ピジンと言えるのではないだろうか?

植民地主義時代のピジンは、暴力的、強圧的支配の副産物だった。必要に迫られた自律的な選択だったとはいえ、本質的には、被支配者に対し、支配者の言語を受け入れるよう一方的に強制するものだ。それに比べ、最近日本のSNSに出没している「韓国語ピジン」は、文化的な好奇心や自発的な好感からスタートした言葉遊びであるという点で、性格は大きく異なっている。スマートフォンや自動翻訳アプリを利用すれば、言葉の壁は低くなる。そうしたインターネットの情報環境の中から、誰でも楽しめる新しい言葉遊びが自然と誕生したのだ。

韓国の若者たちもずいぶん前から、日本語を活用した言葉遊びを楽しんできた。「가와이《かわいい》」「오이시이《おいしい》」などの簡単な日本語は韓国の若者にもお馴染みの言葉だ。カッコいいファッションや音楽を「간지가《かんじが》 있다《イッタ》〔直訳すると「感じがある」〕」と表現するなど、日本語混じりの若者の話し言葉も少なくない。韓国の若者たちのあいだでも「日本語ピジン」の流行が続いてきたと言える。

韓国社会において日本語や日本語式の表現は、植民地時代に根づいた悪習であり打破すべきものと認識されてきた。私も、ある程度はその認識に共感する。やたらと漢字語だらけの法律の条文など、一〇〇年以上も前の旧態そのままの日本式の言語慣行は、実情に合わせて改善する必要がある。だが、最近インターネットを中心に花開いている韓日間の言葉遊びは、両国の若者たちが双方への文化的好奇心から地道に発展させてきた結果だ。歴史認識不足の不健全な現象だと決めつけず、文化的連帯の潜在力を持つインターネット現象として再評価するのが望ましいのではないだろうか？

日本を離れるにあたって——日本社会で外国人として暮らすこと

二〇二一年に、日本を離れることにした。いつしか一八年目に入った日本生活に終止符を打つという話をすると「コロナのせい？」と単刀直入に聞いてくる人もいた。グローバルパンデミック以降、国家間の移動が著しく制限され、気軽に一時帰国できていたころとは体感的に明らかに変わった。まず、韓国と日本を結ぶ空の便が減り、航空券を手に入れるのも一苦労だった。なんとか手に入れても、国境をまたぐたびに二週間の自己隔離が待っているので、これといった理由がないと韓国行きにもなかなか踏み切れない。外国生活の心理的、経済的負担がかなり大きくなっていたのも事実だ。だが、そのせいで日本を離れようと決めたわけではない。

むしろ、パンデミックがもたらした非日常的な状況は、インターネット文化の本質的要素である「移動性」の明暗をリアルに体験できるチャンスだ、との気持ちもあった。研究者がそれしきの不便さに音を上げてなるものかという根性も持ち合わせている。日本生活に終止符を打とうと決心した本当の理由は、いつのころからか、「異邦人」として生きることについて悩むようになっていたからだ。最初は、遅めのスタートを切った博士課程の学生として学業に忙しく、悩んでいる余裕もなかった。日本の大学に籍を置き、比較的安定した生活を送るようになって初めて、日本社会で外国人、中でも韓国人として生きることの意味を噛みしめるようになった。ごく個人的な感想だが、ここにも日本社会の一断面が表れていると思う。

日本社会で韓国人として生きること

異邦人として生きるのもまた一つの生き方だ。実際に今は多くの人が、経済的な理由から、あるいはより良い人生のため戦略的に異邦人になることを選択する。かつては苦難の代名詞だった「ノマド」（遊牧民）が、今ではトレンディなライフスタイルとして語られるほどだ。事実、異邦人の生活には気楽な点もある。特に私的な面では、個人的な好みを比較的自由に追求することができる。だが、公的な面となると話は別だ。

異邦人の生活は不安定だ。個人の努力ではどうにもならない外的要因が生活の質を左右するからだ。たとえば韓国では、地方選挙の場合、外国人にも一票の権利を行使する道が開かれている。一定期間以上居住していれば、一住民として認めてくれるのだ。一方、日本では、「帰化」して国籍を取得しない限り、いくら長く住んでいても住民として認めてもらうための道がない。そのため、植民地時代に日本に渡って定着したが最後まで帰化を拒んだ在日たちには、半世紀が過ぎても参政権が与えられないままだ。

韓国政府が在外国民も選挙権を行使できる制度を設けたことでようやく、苦労して韓国国籍を維持してきた在日が市民としての意見を表明できる窓口ができた。日本社会は相変わらず知らんぷりだが、韓国社会が遅まきながらも彼らに関心を向けるようになったのは喜ばしいことだ。韓国にも、外国人労働者など移民に対するネガティブな視線が存在するのは事実だ。ただ、「外部からの人」も一市民として認める制度が用意されているという点では、日本社会より進歩的であるのは確かだ。

日本社会の政治的右傾化が目立つ一方で、K-POPなど韓国の大衆文化が若者のあいだで大きな人気を集めるなど、否定的であれ肯定的であれ、日本で韓国が話題に上ることが増えた。それにつれ、韓国に対する固定観念と戦わねばならない場面も多くなった。日本の政治家が口にする韓国関連のゆがんだ発言には怒りがこみ上げてくるし、日本のマスメディアが示す韓国人のイメージには違和感を覚える。時には、冷え込む韓日関係をどう考えるか、といった難問への答えを求められることもある。そういうときは、個人的な意見がまるで韓国社会を代表しているかのように受け止められるので、答えに困る。過度な国家主義に批判的な見解を持つ私としては、「一人の人間である前に韓国人」と捉えられることへの抵抗もあった。一時は、外国で暮らしていればある程度は我慢しなければならないことだと、自分に言い聞かせたりもしていた。

一方では、研究者としての悩みも大きくなっていた。韓国人というアイデンティティが研究テーマを邪魔する状況がしばしば発生したせいだ。特に、韓国と日本のインターネットを研究する研究者としての客観的な見解が、単なる「韓国人の主張」と矮小化されて受け止められることには閉口した。たとえば、「ネット右翼」「嫌韓」「K-POPブーム」などは、日本のインターネット空間を特徴づける文化現象であると同時に、日本社会が韓国社会を見る観点が投影されたコミュニケーション現象でもある。韓国と日本の国家的アイデンティティが複雑に絡み合うそうした現象について研究、討論する中で、ジレンマを感じることが多かった。徐々に強まる国家主義のフレームの中で、研究者としての発言が韓国人という脈絡で曲解されることも多くなったし、はなから韓国人としての意見を求められることもあった。韓国と日本を股にかける研究者の役割に忠実であるにはちょっと別の「戦略」が必要だと感じてからずいぶん経つ。

数年間悩んだ末、日本社会で異邦人に対する偏見と戦うよりは、母国に戻って研究者の客観性を揺るぎなく守ることに集中したい、という結論に至った。「日本社会が嫌で」あるいは「日本生活に疲れたから」というよりは、研究者の本質的な役割に忠実でありたいという、私なりの決断だった。贅沢なことを言っているようにも、あるいは、苦しい弁明のようにも聞こえるかもしれないが、私としては熟考の末の結論だった。

多文化に対する偏見をなくすための努力が切実

日本で暮らす外国人たちは「日本は排他的だ」と口を揃える。日本人や日本文化に対する純血主義が強いため、外部の人への警戒心が強く、ともに暮らす住民として受け入れるための社会的努力が不足している。また、デジタルネットワークに乗って展開される脱国家的な社会現象を、国や民族という単純な尺度で読もうとする傾向が目立つ。在日など、文化的な境界線に位置する人々への差別がたやすく正当化される根底にも、排他的な純血主義が潜んでいる。

逆の立場で考えてみると、韓国社会で暮らす日本人にも悩みは少なくないだろう。韓国の市民社会が日本よりは開放的であるとはいえ、文化的には負けず劣らず閉鎖的だからだ。良くも悪くも、世界はデジタルネットワークで一つになった。韓国も日本も、文化的な純血主義を叫ぶのではなく、異邦人を受け入れ、多文化への偏見をなくそうとする努力が切実に求められていると考える。

いざ日本を離れるとなると、晴れ晴れしさよりも名残惜しさが先に立つ。コロナ禍のため、大々的な送別会はできなかったけれど、友情を育んできた何人かとは帰国前に会って、じっくり話をした。遠く地方に住んでいる友人は、心のこもった送別の贈り物を郵送してくれた。研究者の立場としては、もう異邦人というアイデンティティと戦わなくて済むと思うと、さっぱりした気持ちだ。だが個人的な立場としては、かけがえのない友人たちと一緒に過ごせなくなる寂しさが大きい。身体は日本を離れたが、オンラインで大学の講義は今までどおり続ける。在宅ワークやオンライン業務が一般化した「ニューノーマル」をみずから実践することとなった。実は、パンデミック元年だった二〇二〇年も講義はすべてオンラインでおこなっていたので、住むところが変わっただけで、やることは変わらない。

エピローグ　「日本人」または「韓国人」という壁を超える

　ここまで、「韓国人」あるいは「日本人」という表現をたびたび用いてきた。韓国も日本も、比較的同質的な歴史や文化を持っているが、社会の内部を見てみると、さまざまな人種や言語、生活習慣の共存する多文化社会へと向かっている。そういう面からすると、「韓国人」あるいは「日本人」という表現には問題が多い。まるで、固定的で同質的な「韓国文化」あるいは「日本文化」が存在するかのような誤解を与えるからだ。平均的な人生を歩んでいない「韓国人」あるいは「日本人」には差別的表現と受け止められる可能性もある。新聞に掲載するコラムを書いているときも、そのコラムで単行本を編むときも、この表現については一番悩んだ。

　私は、固定的で同質的な「韓国文化」あるいは「日本文化」が存在するとの見解には、一貫して批判的だ。韓国社会と日本社会を区別する文化的特徴が存在しないという意味ではない。韓国社会と日本社会でそれぞれ一般的に受け入れられている生活習慣や行動様式に差異があるのは事実だ。ただ、それを、国家的実体と同一視される「韓国文化」あるいは「日本文化」と位置づけるつもりはない。さまざまな生の様式が入り混じっている現実にそぐわないばかりか、誰かにとっては差別的なメッセージと理解されるなら、社会的にも得るものより失うもののほうが多いと考えるからだ。プロローグで、国家と文化を同一視する考え方（国民性）の弱点と危険性について述べたのと同じ脈絡だ。

かといって、コラムや単行本で「韓国人」あるいは「日本人」という表現を一切使わないのか？　文化を論じる学術的な文章なら、迷わず、そういう表現は排除するだろう。だが、学術的な脈絡にこだわりすぎると、文章が不必要に難しくなり、伝えようとするメッセージが伝わりにくくなる可能性がある。誰にとっても手に取りやすく、読みやすい本にしたいという気持ちが勝った。

この本は、日本についての「絶対的な知識」を紹介するというより、韓国と日本に関する「相対的な知」を導き出すことを目標とした。どの章でも、「日本はこうだ」と断言するのではなく、「日本と韓国はこんなふうに同じだ、あるいはこんなふうに異なる」という側面を伝えるよう心がけた。「同じ」あるいは「異なる」という概念は相対的だ。比較する相手がいるからこそ、「同じ」あるいは「異なる」という言葉が成立するのだ。そういう面で、本書のタイトル「같은 일본 다른 일본（同じ日本、異なる日本）」には、それなりの意味があった。そうした相対的な脈絡を強調する意味で、「韓国人」あるいは「日本人」という表現を用いるのは効果的だと判断した。問題のある表現ではあるが、より幅広い読者に読んでもらうための苦肉の策であったことを明らかにしておく。

二〇〇四年下半期に、短期の旅行ではなく、しばらく滞在してみようという気持ちで日本に渡った。振り返ってみると、突然何もかもがつまらなく、虚しく感じられる「燃え尽き症候群」の症状があったように思う。一九九〇年代半ばに大学を卒業したあと、日刊紙の記者やポータルサイトの事業戦略担当として、目が回るほど忙しい日々を過ごしてきた。体力的にも精神的にも限界を感じた。ちょっと一息ついて、語学研修でもしながら自分を振り返る時間を持ちたいと思った。そうして東京で日本語を勉強していたころ、偶然にも、オンラインニュースサイトを立ち上げる韓日共同プロジェクトに参加することになった。もともと日本文化への関心がないわけではなかったが、事の成り行きに身を任せているうちに自然と日本に腰を落ち着けることになった。「ええい、じゃあちょっと東京で暮らしてみるか」という軽い気持ちだった。

日本で、オンラインニュースを発信するベンチャー企業で働きながら、韓国のインターネット企業での経験を振り返ってみた。そのうち、学問的にもインターネットを研究してみたいという気持ちが芽生えた。気がつくと、学際情報学という耳慣れない分野を専攻する大学院の外国人研究生になっていた。そこには、私のように、ある程度の年齢になってから向学心を燃やしている学生がうじゃうじゃいて、彼らと問題意識を共有し、意見を交わす中で、研究者になろうという気持ちが固まった。二〇〇七年に修士課程に入学し、〇九年からは、会社を辞めて博士課程の「専業」院生になった。博士課程途中の二〇一二年には、在学中だった大学院で助教（英語ではassistant professorと呼ばれる、韓国の任期制助教授に似たポジション）になった。二〇一四年に、モバイルメディアと解釈的人類学についての論文で博士の学位を取得し、同年、千葉県にある私立大学に正式に任用された。

韓国日報から、日本についてのコラムを書いてみないかと提案を受けたのは、二〇一九年の秋の終わり。教授生活にはすっかり慣れたものの、日本社会で「韓国人」として生きることへの悩みは大きくなりつつあった。日本で研究者として認められ、大学の終身職につけたことは、個人的には満足のいく成果だった。けれど、そこで定年まで勤め上げ、老年を迎えるという人生は、なかなかピンとこなかった。贅沢な話に聞こえるかもしれないが、日本で教授として生きる安楽な人生が他人事のように遠く感じられたのだ。自分が追い求めてきた人生の目標ではないという気がした。そんな折、コラム連載の提案を受けたのだった。複雑な心境を整理する良い機会だと思った。

コラムを書くようになってほどなくコロナ禍が始まった。ちょうど韓国に一時帰国していたころで、日本政府が外国人に対する全面入国禁止の措置をとったため、東京の自宅に行きたくても行けない日々が一年ほど続いた。往来が再開したあとも、出入国の手続きが複雑で大変だった。日本での生活に終止符を打ち完全に帰国しようと決めたのは、前からずっと悩んできた結果でもあるが、コロナ禍がその気持ちを後押ししたのも事実だ。二〇二一年三月末に教授職を正式に辞任し、東京の自宅も引き払った。その後も一年間はオンライン講義を続けていたので、日本での生活を公式に「卒業」したのは二〇二二年三月末ということになる。

本書に収めたコラムの多くは韓国の自宅で書いたものだ。オンラインプラットフォームのおかげで、身体は韓国にあっても日本社会で活動することが可能だった。日本の大学で講義や論文の指導もしたし、日本各地に暮らす仲間たちと研究について長時間討論することもできた。コラムを書くにあたっては、メールやメッセンジャー、遠隔ビデオツールなどを活用し、日本の学生や友人、仲間たちに意見を求めたり、取材協力を依頼したりした。今も日本の友人たちとは活発に交流している。オンライン研究会に定期的に参加し、リモート飲み会もときどき開く。国籍や年齢、文化などの違いは人間関係の妨げにはならないことを学んだ。何よりも、「日本人」「韓国人」という壁を超えて率直に話せる友人ができたことが、日本生活の最大の収穫だ。

コラムを単行本にするにあたっては、編集者のキム・セヒさんに大変お世話になった。原稿を丁寧に読み、私が気づかずにいた部分について指摘してくれた。きめ細かで的確なフィードバックは、原稿を整えていくうえで大いに役立った。韓国日報の入社同期のチョ・チョルファンさんにも感謝の気持ちを伝えたい。昔の縁を忘れずに紙面を提供してくれたおかげで貴重な経験をした。本を書くというのは、自分の考えをまとめて活字にする精神的労働であると同時に、長時間モニターの前に座ってキーボードを叩く身体的労働でもある。明確な思考や省察と同じくらい、丈夫で柔軟な身体も大切であることを実感している。正しい姿勢で生活するよう情熱的に指導してくれるウ・ジニさんのおかげで、健康を維持して原稿を書き上げることができた。毎回コラムを読んで激励してくれたファン・ヨンチェ女史や、締め切りのたびに原稿を一緒にチェックし、率直な意見を聞かせてくれたコ・ドンホさんにも感謝の意を伝える。

金暻和

京畿道《キョンギド》加平《カピョン》郡《グン》墨安里《ムガンリ》にて

訳者あとがき

本書は、二〇二二年に「東アジア」から出版されたキム・キョンファさんの『같은 일본 다른 일본』の全訳である。メディア人類学者のキム・キョンファさんが、韓国の大手日刊紙「韓国日報」の紙面とウェブサイトに二〇一九年一二月から寄稿している同名コラムを書籍化したものだ。一五年以上にわたる東京暮らしで感じたことや経験したこと、考察したことが綴られている。四つの章からなり、各章には原書にして六～七ページのコラムが一一～一二本ずつ収められている。エピローグとプロローグも合わせると文章は計四九本。日常生活での出来事から、文化、政治、歴史、風習、食に至るまで、それぞれのテーマは実にバラエティに富んでいる。

韓国日報は一九五四年六月に創刊され今年七〇周年を迎えた新聞で、政治的には「中道右派寄り」とされる。一九九〇年代後半のアジア通貨危機を機に勢いが衰えるものの、それまでは「朝鮮日報」「中央日報」「東亜日報」と並んで発行部数が二〇〇万部に上る四大新聞紙の一つだった。一九六〇年からは日本の読売新聞と提携し、日韓関係をめぐる共同世論調査などを定期的に実施している。

著者はソウル大学社会科学部人類学科を卒業後、その韓国日報で一九九四年から記者として働きはじめた。やがてポータルサイトの会社に転職するが、多忙な日々を過ごすうち心身ともに限界を感じ、語学研修でもしながら自分を振り返る時間を持ちたいと、二〇〇四年、東京に渡る。東京で日本語を学んでいたとき、偶然、オンラインニュースサイトを立ち上げる日韓共同プロジェクトに携わることになった。それがきっかけで、インターネットについて本格的に研究してみたいとの気持ちが芽生え、二〇〇七年に東京大学学際情報学府の修士課程に進学。二〇〇九年には同博士課程に進み、モバイルメディアと解釈的人類学についての論文で博士の学位を取得した。同大学で助教として勤務したのち、神田外語大学で教鞭をとっていた二〇一九年、かつての職場である韓国日報からコラム連載の提案が舞い込み、隔週で寄稿するようになった、という経緯だ。二〇二一年には日本での生活に終止符を打って帰国したが、二〇二四年九月現在、コラム連載は継続中だ（https://www.hankookilbo.com/Collect/1943）。この日本語版では紙面の都合上割愛されているが、韓国日報の紙面とウェブサイト、および原書では、コラムの内容を象徴するような写真とイラストが毎回添えられている。写真はおもに著者が日本で撮影したもの、イラストはイラストレーターのキム・イリョンさんによるものだ。

この本を翻訳していたとき、著者と釜山で会う機会があった。実はその少し前に、愛酒家の著者らしい「日韓の飲酒文化」というテーマのトークイベントをオンラインで視聴していたので日本語の流暢さはすでに知っていたものの、実際に言葉を交わしてみて、その日本語にあらためて感嘆した。語彙力や表現、発音のすばらしさはもちろんのこと、敬語まで完璧に使いこなす。本書でも言及されているが、ご本人いわく、それは「飲みニケーション」の賜物だと。それはそうだとしても、飲みニケーションの効果を最大限引き出すのには、その気さくなお人柄やユーモア感覚、行動力、そして「言葉」を扱う新聞記者としての経験も大いに影響していたのだろう。

本書では、韓国人の著者が長年日本で生活する中で触れた日本と韓国の姿が、両者を比較しながら率直に描写されている。みずから見聞きしたこと、経験したことをもとに書かれているため、その内容は非常に具体的で説得力がある。日常の出来事を「生活者」の視点で捉え、それを「研究者」として培った鋭い観察・分析力と「記者」生活で鍛えた文章力で記述しているのだ。エピローグにある以下の文章が、この本の特徴を端的に言い表していると思う。

この本は、日本についての「絶対的な知識」を紹介するというより、韓国と日本に関する「相対的な知」を導き出すことを目標とした。どの章でも、「日本はこうだ」と断言するのではなく、「日本と韓国はこんなふうに同じだ、あるいはこんなふうに異なる」という側面を伝えるよう心がけた。「同じ」あるいは「異なる」という概念は相対的だ。比較する相手がいるからこそ、「同じ」あるいは「異なる」という言葉が成立するのだ。

どっぷり身を置いている場所のことは、わかっているつもりで意外とわかっていないものだ。「韓国人の著者の目で見た日本の姿（とそれを通して見た韓国の姿）」に触れることで、読者のみなさんにとっても新たな発見、気づきのある読書となれば幸いである。

最後に、訳文を丁寧に点検してくれたキム・ジョンさん、刊行までの道のりを導いてくれた編集者の野崎真鳥さんをはじめ、本書の刊行に関わってくれたすべての方に深く感謝申し上げる。

牧野美加

二〇二四年　初夏

【著者】

金暻和（きむ・きょんふぁ）

メディア人類学者。ソウル大学人類学科卒業後、韓国日報の記者を経て、大手ポータルサイトのネイバーやダウム、オーマイニュースジャパンなどで勤務したのち、研究者の道に進む。東京大学で学際情報学の博士学位を取得。東京大学や神田外語大学などで教鞭をとった。2021年、18年間の日本生活に終止符を打ち、帰国。韓国語の著書に『世相を変えたメディア』『すべてはインターネットから始まった』（ともに未邦訳）など。日本語の著書に『ケータイの文化人類学』（クオン）がある。www.yonnie41.com

【訳者】

牧野美加（まきの・みか）

1968年、大阪生まれ。釜慶大学言語教育院で韓国語を学んだ後、新聞記事や広報誌の翻訳に携わる。第1回「日本語で読みたい韓国の本 翻訳コンクール」最優秀賞受賞。チェ・ウニョン『ショウコの微笑』（共訳、クオン）、チャン・リュジン『仕事の喜びと哀しみ』（クオン）、ジェヨン『書籍修繕という仕事――刻まれた記憶、思い出、物語の守り手として生きる』（原書房）、ファン・ボルム『ようこそ、ヒュナム洞書店へ』（集英社）など訳書多数。

平　凡　社　新　書　1　0　6　5

韓国は日本をどう見ているか
メディア人類学者が読み解く日本社会

発行日——2024年9月13日　初版第1刷

著者————金暻和
訳者————牧野美加
発行者———下中順平
発行所———株式会社平凡社
〒101-0051　東京都千代田区神田神保町3-29
電話　(03) 3230-6573［営業］
ホームページ　https://www.heibonsha.co.jp/
印刷・製本—株式会社東京印書館
装幀————菊地信義

ISBN978-4-582-86065-8